Paweł Mikulicz

Natalia

Pozostało
Tylko
WIERZYĆ

Czy Miłość Rodziców Ocali
Życie Dziecka?

Redakcja: Joanna Sosnówka Limitless Mind Publishing LTD
Korekta: Anna Gajowniczek
Skład i łamanie tekstu: InkWander
Projekt okładki: Małgorzata Sokołowska

ISBN: 9788396673961

Limitless Mind Publishing Ltd
15 Carleton Road
Chichester
PO19 3NX
England
Tel. +44 7747761146
Email: office@limitlessmindpublishing.com

Drogi Czytelniku!

*Znajdź nas na **Facebook/Instagram**:*
limitless mind publishing

*Odwiedź naszą stronę na **Amazon**
wpisując w wyszukiwarkę limitless mind publishing
lub skanując kod, aby zobaczyć nasze inne pozycje.*

*♥Będziemy bardzo wdzięczni za Twoją opinię na temat książki. To
znaczy dla nas wiele.*

Dla mojej córki

Od Autora

Dobro i zło muszą istnieć obok siebie, a człowiek musi dokonywać wyboru.

Mahatma Gandhi

Gdzie leży granica? Kiedy powiedzieć stop? Poddać się czy walczyć do końca? Na te pytania ja i moja żona musieliśmy odpowiedzieć sobie przynajmniej kilka razy. W tej książce znajduje się historia o rodzinie, w której miłość do dzieci stoi na pierwszym miejscu. I o tym, jak w jednej chwili spokojne życie zmienia się w wyścig z czasem.

Kiedy ma rację lekarz, a kiedy rodzic? Czy istnieje siła wyższa? To nie jest lektura dla ludzi o słabych nerwach. Dzięki niej poznasz prawdziwe znaczenie słów: szpital, hospicjum, stres, łzy i bezradność. Jak silna musi być chęć przetrwania, by oszukać pewną śmierć?

Zacznijmy więc od samego początku…

Spis treści

Wstęp

W życiu nie chodzi o czekanie, aż burza minie. Chodzi o to, by nauczyć się tańczyć w deszczu.

Vivian Greene

Od dawna chciałem napisać książkę, nigdy jednak nie przypuszczałem, że przyjdzie mi napisać właśnie taką. Jako nastolatek zawsze wiedziałem, że w przyszłości będę chciał stworzyć kochającą się rodzinę. Zamierzałem poznać piękną dziewczynę, ożenić się z nią i mieć dwójkę wspaniałych dzieci. Długo jednak musiałem czekać na tę jedyną, a szukałem na różne sposoby. Mam za sobą związki z kobietami, których sposób bycia i priorytety zupełnie nie współgrały z moimi. Miałem okazję poznać i te bardziej zazdrosne i te, które na pierwszym miejscu stawiały paczkę papierosów. Przez wiele lat moje życie stało w miejscu.

Po szkole zacząłem pracę w sklepie meblowym, jako pomocnik przy rozwożeniu mebli. Po około roku nadarzyła się okazja, bym poszedł krok dalej i nieco zmienił swoje życie. Mianowicie dostałem propozycję pracy w Wielkiej Brytanii. Czułem strach, bo nie miałem pojęcia, jak to miało wyglądać. Wiele niewiadomych plątało mi się w myślach za każdym razem, kiedy kładłem się spać. Nawet tych związanych z faktem, że przecież nigdy jeszcze nie leciałem samolotem. Im bliżej było wyjazdu, tym bardziej drżały mi ręce. Był to krok milowy ku zmianie mojego nudnego, codziennego życia.

Nie wiedziałem, czego mam się spodziewać na lotnisku, a brak jasnych informacji na ten temat tylko zwiększał mój stres. Kiedy przechodziłem przez bramki, zaświeciła się czerwona lampka alarmowa, a poziom mojej adrenaliny jeszcze się zwiększył. Powód sytuacji był trywialny. Nie wrzuciłem okularów do koszyka wraz z telefonem i kluczami. Na szczęście po chwili mogłem iść dalej. Spojrzałem na tablicę odlotów i, jak na złość, mój samolot został przekierowany na inny terminal. Lotnisko w Gdańsku wydawało mi się naprawdę duże, ale na szczęście nie musiałem iść daleko. Po ostatnich już kontrolach wsiadłem do samolotu, a gdy zaczął pokonywać pas startowy, spoglądałem przez okno, myśląc, co przyniesie mi przyszłość. Niewielki bagaż i dwieście funtów w kieszeni to wszystko, co miałem ze sobą.

Po przylocie i zaaklimatyzowaniu się w wynajętym pokoju zacząłem się rozglądać. Czas na to jednak miałem tylko wtedy, kiedy nie pracowałem. Bywało różnie. Ze względu na zmienny grafik, raz był to weekend, a raz któryś dzień w środku tygodnia. Wszystko było dla mnie obce, nie znałem dobrze języka angielskiego, a lewostronny ruch uliczny mieszał mi w głowie. Na początku problem sprawiało mi nawet patrzenie w dobrym kierunku podczas przechodzenia przez ulicę.

Wszystko, co zarabiałem, przeznaczałem na opłacenie mieszkania w Polsce, jedzenie i inne opłaty niezbędne do przeżycia. Nie miałem co odkładać. Nie było to coś, na co tak czekałem i powoli mój zapał znikał. Już miałem nawet taką myśl, by wrócić do kraju i spróbować szczęścia na nowo, jednak pewnego dnia wszystko się zmieniło. W piękny, słoneczny dzień poznałem dziewczynę o pięknych blond włosach. Od razu wiedziałem, nawet zanim poznałem jej imię, że chce z nią spędzić resztę życia. Po pierwszej chwili, gdy ją zobaczyłem, otrząsnąłem się jednak z idyllicznej myśli i wróciłem na ziemię, tłumacząc sobie, że takie scenariusze dzieją się tylko w bajkach. Nie zrezygnowałem jednak z próby. Przedstawiłem się jej, a gdy odpowiedziała, że ma na imię Ewa, od razu poczułem, że jej imię również mi się podoba. Wypiliśmy kawę, zjedliśmy pyszne ciasto i rozmawialiśmy na różne tematy. Gdy zrobiło się już ciemno, musiała wrócić do domu. Wymieniliśmy się numerami i umówiliśmy na kolejne spotkanie.

Aby ją odwiedzić, musiałem wsiąść w pociąg i przejechać nim parę miejscowości. Byłem cały zestresowany, nie wiedziałem nawet, gdzie się kupuje bilet, ponieważ przy peronie była tylko rozpiska odjazdów. Obcy kraj, a ja nie znałem dobrze języka i miałem jechać do kolejnego obcego mi miasta? Nigdy nie spodziewałem się, że w swoim życiu znajdę się w takiej sytuacji. Kiedy wreszcie po paru perypetiach wysiadłem na stacji docelowej i zobaczyłem czekającą na mnie Ewę. Stres mnie opuścił. Uśmiechnąłem się do niej, a ona odwdzięczyła się tym samym.

Wręczyłem jej bukiet róż, po czym poszliśmy zwiedzać miasto. Siedząc przy kawie, usłyszałem od niej słowa, których nie zapomnę do końca życia. Powiedziała mi wprost, bym nie robił sobie nadziei, bo wraca na stałe do Polski i nie chce teraz nikogo mieć. Zostawiłem to bez komentarza, bo ciężko odpowiedzieć coś na tak solidnego kosza już na pierwszej randce. Pozwiedzaliśmy trochę miasto, po czym wróciłem do domu. Pomyślałem wtedy, że to już koniec przygody, jednak moja podświadomość podpowiedziała mi, bym następnego dnia spróbował zadzwonić jeszcze raz. Tak zrobiłem. Dzwoniąc, spytałem się, czy pokaże mi część miasta, której nie zdążyliśmy wczoraj zobaczyć, zgodziła się.

Mimo jej ostrzeżenia i tak postanowiłem do niej jeździć. Jeden raz, drugi, trzeci, czwarty. Wiedziałem, że ma kupiony bilet w jedną stronę do Polski, w pracy złożone wypowiedzenie, że już niedługo wylatuje na ślub kuzyna i że już nie wraca. Że już nigdy jej nie zobaczę.

Byłem załamany, nie wiedziałem, co mam robić, ale moje obawy zostały rozwiane przez samą Ewę! Pewnego dnia powiedziała mi, że przemyślała wszystko jeszcze raz i zakupiła bilet powrotny, w pracy anulowała wypowiedzenie i da mi znać, kiedy wróci. To była dla mnie iskierka nadziei. Czułem, że to było to. I faktycznie, po tygodniu w Polsce wróciła i zakochani w sobie po uszy zaczęliśmy wspólne życie.

Było jak w bajce. Wspólne podróże, te same pasje i podobne spojrzenie na świat. Udało nam się dość sporo zwiedzić, poznaliśmy wspaniałych ludzi, skosztowaliśmy pysznego jedzenia. Jednak czegoś mi brakowało, czułem pewnego rodzaju pustkę.

Kiedy zaczęliśmy się poznawać, powiedziałem jej o moim marzeniu posiadania dwójki dzieci. Wiedziała o tym dobrze i akceptowała to, ale musieliśmy poczekać, aż poczuje się gotowa na taki krok. Przez lata nie poruszaliśmy tematu, jednak w końcu i to uległo zmianie. Pod sam koniec 2015 roku na świecie pojawił się Sebastian, a my czuliśmy się szczęśliwsi niż zwykle. Krok po kroku uczyliśmy się naszych nowych ról, a syna obdarzaliśmy przeogromną miłością. Popełnialiśmy błędy, ale pojawiające się trudności były niczym w obliczu codziennej radości z bycia rodziną. W rok później wzięliśmy ślub, ochrzciliśmy naszego synka i przeprowadziliśmy się z Wakefield do mniejszej miejscowości South Elmsall. Zamieszkaliśmy w pięknym domu z ogrodem i szerokim, wygodnym podjazdem na dwa samochody. Przez okno w sypialni widać było piękny park utworzony na terenie starej kopalni. Prawie pięć kilometrów ścieżek dookoła, świeże powietrze, a przy parku swobodnie biegające konie, które można było dokarmiać. Nie każdy potrzebuje milionów na koncie, by być szczęśliwym, mi wystarczał uśmiech mojej żony oraz śmiech naszego syna.

Po paru latach zdecydowaliśmy się na kolejne dziecko. Planowaliśmy wtedy wyjazd na Sardynię, a dwa tygodnie przed nim okazało się, że Ewa zaszła w ciążę. Byłem najszczęśliwszym człowiekiem na ziemi! Miało się spełnić kolejne z moich marzeń z młodzieńczych lat. Miałem zostać tatą po raz drugi! Z tą wspaniałą informacją wylecieliśmy na Sardynię cieszyć się urlopem oraz kosztować pysznego, włoskiego jedzenia.

Po powrocie umówiliśmy się do szpitala w Wakefield na pierwsze USG, aby wreszcie zobaczyć naszego malucha. Przywitaliśmy go z uśmiechem na twarzy. Patrząc w monitor, widzieliśmy, jak macha rączkami i nóżkami na prawo i lewo. Lekarz stwierdził, że z dzieckiem jest wszystko w porządku, wróciliśmy więc do domu i zaczęliśmy powoli przygotowywać się na nadchodzące Święta Bożego Narodzenia.

Jak większość par oczekujących dziecka zastanawialiśmy się, jaka będzie płeć dziecka oraz, jakie nadamy mu, lub jej imię. Wymyślaliśmy, śmialiśmy się i po prostu cieszyliśmy się życiem.

Pewnego dnia przyszedł do nas list z datą kolejnego USG w szpitalu Pontefract, ustaloną na dzień dziewiętnastego stycznia 2019 roku. Pamiętam, że byłem zaskoczony wyborem szpitala, bo miałem z nim mało przyjemne wspomnienia. Ostatnim razem nie potrafili pobrać naszemu dziecku krwi do badań i w końcu odesłali nas z przeprosinami do placówki w Wakefield. Nie chciało nam się już dzwonić, odkręcać i prosić, by wizytę umówili nam w miejscu, w którym urodził się nasz syn. Zostawiliśmy to więc tak, jak było i pojechaliśmy na umówione badanie.

Czekając w poczekalni, myśleliśmy, że procedura przebiegnie tak samo, jak na poprzednim badaniu z tą tylko różnicą, że poznamy płeć dziecka. Do sali weszliśmy dwadzieścia minut po czasie. Po raz kolejny zobaczyliśmy naszego maluszka na monitorze, jak kopał rękami i nóżkami tak samo, jak poprzednio. Nie mogliśmy doczekać się informacji, czy to chłopiec, czy dziewczynka. Zamiast tego lekarz kazała mojej żonie położyć się na boku, co było dla nas dziwne, ponieważ nigdy wcześniej nie było takiej potrzeby. Zapadła grobowa cisza, podczas której pani doktor wpatrywała się w monitor, patrząc na dziecko z każdej możliwej strony. Nie wiedzieliśmy, czy mamy odezwać się pierwsi, czy w końcu powie nam, co jest grane. Po chwili jednak powiedziała, że przypuszcza, iż cztery ostatnie kręgi kręgosłupa nie są do końca rozwinięte. Mogło to oznaczać rozszczep kręgosłupa, ale badania na specjalistycznym sprzęcie miały być przeprowadzone w szpitalu dziecięcym w Leeds dopiero w kolejnym tygodniu. Na koniec dodała, że to dziewczynka.

Byliśmy w totalnym szoku, nie mieliśmy pojęcia, co to jest rozszczep kręgosłupa. Po USG wzięli nas do oddzielnej sali, po czym pielęgniarki wytłumaczyły nam wszystko, cały czas powtarzając, że jest to tylko przypuszczenie. Emocji było za dużo i Ewa w końcu się rozpłakała. Starałem się ją pocieszyć, mówiłem, że to nic pewnego, a po badaniu w przyszłym tygodniu okaże się, że to lekarska pomyłka, przecież każdy popełnia błędy.

Wyszliśmy ze szpitala i udaliśmy się w stronę parkingu. Trzymałem Sebastiana za rękę i spoglądałem na moją żonę, ale ona myślami była zupełnie gdzie indziej. Gdy wkładałem kluczyki do stacyjki, trzęsły mi się ręce. Powtarzałem sobie, że muszę się uspokoić i bezpiecznie wrócić do domu.

Diagnoza

Sukces nigdy nie jest ostateczny. Porażka nigdy nie jest totalna. Liczy się tylko odwaga.

Winston Churchill

Kiedy wracaliśmy, nie wiedziałem, co mam mówić. Było już ciemno, droga kręta, a ja prowadząc, zerkałem na Ewę, która myślami wciąż była gdzieś bardzo daleko. Cokolwiek bym nie powiedział, wiedziałem, że i tak nie będzie mnie słuchać. Kiedy wróciliśmy już do domu, starałem się nie przejmować zbytnio przypuszczeniami lekarzy, bardziej cieszyłem się z tego, że będziemy mieli córeczkę. Parka, moje marzenie z młodzieńczych lat! Nie mogłem się doczekać, by tę informację przekazać najbliższym. Starałem się pocieszać Ewę, jednak bezskutecznie. Cały czas widziałem smutek w jej oczach, płacz i stres wypełniały każdą jej chwilę. Chciałem, by była szczęśliwa, by mogła cieszyć się tym, że będziemy mieli dziewczynkę, ale moje tłumaczenia nic nie pomagały.

Mijał dzień za dniem, w międzyczasie czytaliśmy w Internecie artykuły na temat przypuszczeń naszego lekarza. To znaczy, moja żona czytała, a ja tłumaczyłem jej, by nie brała do siebie tego, co tam piszą, ponieważ z mojego punktu widzenia nie były to wartościowe źródła informacji. Prosiłem, by z wyciąganiem wniosków poczekała do wizyty. Nie słuchała. Z każdym dniem zagłębiała się bardziej w strony opisujące rozszczep kręgosłupa i to, jak sobie radzić mając dziecko z taką wadą. Smutek w jej oczach się pogłębiał. Byłem kompletnie załamany, chciałem jej pomóc, ale wciąż żadne moje argumenty do niej nie przemawiały. Nasz trzyletni synek widział, że coś się dzieje, że rodzice się kłócą. Nie rozumiał, czemu mama płacze. Z perspektywy czasu widzę, jak bardzo chciał zwrócić na siebie uwagę. Wielokrotnie jednak jego próby kończyły się podnoszeniem przez nas głosu, co z kolei wyciskało z niego kolejne łzy.

W pracy starałem się sumiennie wypełniać swoje obowiązki, lecz myślami byłem w domu. Po pewnym czasie moje zachowanie zaobserwował manager i wziął mnie do siebie na krótką rozmowę. Gdy wytłumaczyłem mu wszystko, powiedział, by informować go na bieżąco o tym, jak przebiega sytuacja. Dodał, że jak tylko będę czegoś potrzebował, to mam bez wahania do niego przyjść.

Wiedziałem, że należało mi się czternaście dni ojcowskiego po urodzeniu się dziecka. Nie byłem jednak pewien, czy ten czas wystarczy, aby wszystko właściwie poukładać. Istniała również możliwość skorzystania ze zwolnienia lekarskiego, jednak myślałem o tym dosyć niechętnie. Miałem to jednak z tyłu głowy.

Mijały kolejne dni, tydzień wydawał się nie mieć końca. Godzina za godziną, minuta za minutą, sekunda za sekundą… co powiedzą lekarze w szpitalu w Leeds? Jak to będzie, jeśli potwierdzą się przypuszczenia z poprzedniej wizyty, co robić, jak zadbać o dobro rodziny? Wciąż pojawiały mi się w głowie natarczywe pytania, na które nie byłem w stanie odpowiadać. Mówiłem wtedy sobie, by głęboko oddychać, trochę ochłonąć i po prostu poczekać do kolejnego USG.

Przez ten tydzień nie zliczę, ile razy przygotowywałem Ewie herbatę z melisy na uspokojenie, była przecież w ciąży, więc stres w jej przypadku był niewskazany. Robiłem wszystko, co mogłem, nawet tłumaczyłem, że denerwowanie się może mieć zły wpływ na dziecko. Bezskutecznie. Musiałem czekać do końca tygodnia, podczas którego atmosfera w domu stawała się nie do zniesienia.

O wschodzie słońca zadzwonił budzik, wstałem strasznie zmęczony. W nocy nie mogłem spać, budziłem się co chwilę przez koszmary. Myślałem, że minął miesiąc, a nie tydzień. W końcu nastał dzień, w którym wszystkie wątpliwości miały zostać rozwiane i zapomniane, tak przynajmniej myślałem. Ponieważ zawsze trzeba myśleć pozytywnie!

Wsiedliśmy w samochód, ustawiłem GPS i ruszyliśmy w drogę do szpitala dziecięcego w Leeds.

Prowadziłem auto, spoglądając na Ewę, tak jak ostatnim razem, kiedy wracaliśmy ze szpitala. Tym razem jednak nic już nie mówiłem. Musiałem skupić się na drodze, ponieważ strasznie nie lubiłem jeździć po Leeds samochodem, zwłaszcza w centrum. Dwa razy pomyliłem pas, ale udało się, trafiliśmy do celu za pierwszym razem. Przy okazji natrafiliśmy na mały problem. Parking przyszpitalny był naprawdę mały i nie znaleźliśmy żadnego wolnego miejsca. Czekaliśmy w kolejce za dwoma samochodami, aż któreś się zwolni, Mieliśmy jeszcze pół godziny do umówionej wizyty, ale parking wciąż był pełny, więc poprosiłem moją żonę, by wzięła syna i poszła do recepcji. Chciałem być na USG razem z nią, ale ważniejsze było, aby się na nie nie spóźnić.

Udało mi się zaparkować i zostało mi jeszcze dziesięć minut, chociaż i tak w rezultacie weszliśmy na badanie po czasie.

Znowu ta sama ciemna sala. W oddali siedział lekarz i klikał coś w komputerze, w ogóle się z nami nie witając. Przywitała się tylko pani, która miała przeprowadzić USG. Specjalistyczny sprzęt znajdował się w pomieszczeniu, w którym za chwilę mieliśmy się dowiedzieć, jak będzie wyglądała nasza przyszłość. Czy będzie wszystko ok? Czy faktycznie ciąża przebiega nieprawidłowo? Kolejny stres, kolejne emocje, które i tak towarzyszyły nam bez przerwy. W końcu, po paru minutach po raz już trzeci zobaczyliśmy naszego maluszka na monitorze, jak wił nóżkami i rączkami na lewo i prawo. Piękny widok, lecz nie po to tam przyjechaliśmy.

Badanie trwało ponad czterdzieści minut, strasznie długo, jak na USG. Nikt nic nie mówił. Na ekranie wyświetlały się zdjęcia, które po chwili zmieniały się w kolejne. W końcu pani skierowała wzrok w naszą stronę i powiedziała, że nasze dziecko ma rozszczep kręgosłupa w odcinku lędźwiowo-krzyżowym. Nogi się pod nami załamały. Nagle zaczęły nasuwać się kolejne pytania, nie zliczę, ile ich zadaliśmy lekarzowi, by dowiedzieć się jak najwięcej. Z tego, co udało nam się wtedy dowiedzieć, nasza córeczka miała nierozwinięte do końca cztery ostatnie kręgi, oraz że taka ciąża zdarza się raz na pięćset przypadków.

Kiedy lekarz zobaczył moją żonę płaczącą, kucnął obok i opowiedział jej, jakie są wyjścia z sytuacji. W pierwszej kolejności zaproponował, że można by było przeprowadzić operację w Londynie, jednak tylko do dwudziestego czwartego tygodnia ciąży. Jak to określił, na płodzie (ja jednak uważam, że w ciele kobiety nie rozwija się płód, tylko dziecko!). Zamknęliby kręgosłup, ale musieliby wyjąć 'płód' z jej brzucha, zrobić operację, po czym włożyć córeczkę z powrotem. Celem tej operacji, oprócz zamknięcia kręgosłupa, miało być jeszcze zahamowanie powikłań, które mogłyby nastąpić w dalszym okresie ciąży. Był jednak w tym ogromny haczyk, mianowicie istniało trzydzieści procent szans na to, że dziecko urodzi się jako wcześniak, a to mogłoby wiązać się z kolejnymi powikłaniami. Moja żona z początku chciała jechać do Londynu i przeprowadzić tę operację, ale jak dowiedziała się o ryzyku wcześniactwa, zrezygnowała.

Kolejną propozycją, jaką nam dali było regularne monitorowanie ciąży do samego końca, pozwolenie maluszkowi na naturalny rozwój i urodzenie córki w wyznaczonym terminie w szpitalu dziecięcym w Leeds.

Ostatnią opcją, jaką przyszło im nam przedstawić, było usunięcie ciąży. Ewa stanowczo odpowiedziała, że taka opcja nie wchodzi w grę. Nie chciała zabijać własnego dziecka, tylko dlatego, że coś nie tak wyszło na USG. Po takim czynie Ewa nie byłaby już więcej tą samą osobą, wyrzuty sumienia mogłyby ją zniszczyć psychicznie, a mieliśmy przecież jeszcze synka, który potrzebował obojga rodziców!

Po wysłuchaniu wszystkich możliwych opcji wybraliśmy tę środkową. Podczas kontynuowania ciąży istniała możliwość pojawienia się dalszych powikłań, ale to było ryzyko, na które musieliśmy się zdecydować. Nie mieliśmy zbytnio wyboru, tylko ta opcja wydawała nam się rozsądna.

Idąc do auta, cały czas widziałem smutną twarz mojej żony, aż serce mi się krajało. Jedyne jednak, co mogłem zrobić, to po prostu przy niej być.

Ustawiłem GPS i ruszyliśmy w drogę powrotną do domu. Wjeżdżając na autostradę, powiedziałem Ewie, by pamiętała o tym, że nie ważne, jaka nasza córka się urodzi, bo zaakceptujemy ja taką, jaką będzie. I pokażemy jej, jaki świat jest piękny.

Nie byłem w stanie zrobić nic więcej. Do końca drogi powrotnej w samochodzie grała tylko płyta z moją ulubioną muzyką, Sebastian zasnął w foteliku, a Ewa błądziła myślami gdzieś daleko, wpatrzona w szybę pasażera.

Lot do Polski

Ludzie są na tyle szczęśliwi na ile sobie pozwolą.

Abraham Lincoln

Zaparzyłem Ewie kolejną herbatę z melisy. Usiedliśmy w kuchni i zaczęliśmy myśleć, co dalej. Siedzieliśmy tak ponad pół godziny i nic nie przychodziło nam do głowy. Ta diagnoza postawiła nas w beznadziejnej sytuacji. Powiedziałem mojej żonie, by położyła się spać i trochę odreagowała. Posłuchała mnie. Wstała dopiero nad ranem, kiedy emocje już opadły, bądź przycichły. Nie miałem pojęcia, ile jednak ten stan względnego spokoju może potrwać.

Zaczęliśmy konsultować całą tę sytuację z bliskimi. Staraliśmy się ustalić, krok po kroku, plan dalszego działania.

Po pierwsze, znaliśmy diagnozę. Po drugie, zdecydowaliśmy się utrzymać ciążę. Wielokrotnie też słyszeliśmy, że nawet po USG na specjalistycznym sprzęcie mogło się okazać, że wystąpiła lekarska pomyłka. Istnieją przecież przypadki z życia wzięte, iż dziecko miało urodzić się z różnymi wadami genetycznymi, czasami nawet i bardzo poważnymi, a rodziło się zupełnie zdrowe.

Była więc szansa, że również i w tym szpitalu popełnili błąd i nasz maluszek był zdrowy. Nadziei tej zaczęliśmy szukać w Internecie, przeglądając historię polskich specjalistów. Szukaliśmy wszyscy, gdzie się tylko dało. Byliśmy wspólnego zdania, że im więcej informacji, tym lepiej. Po paru dniach poszukiwań udało nam się znaleźć dwóch cenionych specjalistów, jednego z Warszawy, drugiego z Gdańska.

Wykupiliśmy bilety lotnicze do Gdańska na początku lutego, zaraz po moich dwudziestych dziewiątych urodzinach, i polecieliśmy, na jakiś czas opuszczając nasz deszczowy kraj.

Po przylocie do Polski przywitała nas mroźna, bezśnieżna zima oraz rodzice Ewy. Wsiedliśmy do samochodu i ruszyliśmy w drogę do Pucka, do rodzinnego miasta mojej żony. Podróż przebiegła spokojnie. Porozmawialiśmy na różne tematy, by nie musieć myśleć cały czas o przebiegu ciąży. W tle leciało radio z polskimi przebojami, których nie słyszałem od bardzo dawna.

Kiedy dojechaliśmy do domu, było już bardzo późno, dlatego wszyscy poszliśmy spać, wszystkie sprawy odkładając na rano.

Obudziliśmy się dość wcześnie. Zmiana klimatu sprawiała, że musieliśmy odczekać dzień lub dwa, by się nieco przestawić. Weszliśmy schodami na górę, gdzie znajdowała się kuchnia. Wstawiłem wodę, a kiedy zagwizdał już czajnik, wydobywszy z siebie parę, zalałem naszą ulubioną, sypaną kawę. Usiedliśmy z Ewą w salonie, czekając na wszystkich, by omówić to, po co przyjechaliśmy.

Najważniejszą kwestią w tej skomplikowanej sytuacji było pozytywne myślenie i tylko to dawało nam siłę do działania. I nadzieja, że będzie dobrze, że wszystkie słowa, które usłyszeliśmy od lekarzy, były pomyłką. Pomyłki się przecież zdarzają!

Zaczęliśmy ustalać plan działania. Pierwszym krokiem był wyjazd do Warszawy, a przystankiem miała być klinika, oczywiście prywatna, gdzie Ewka zostałaby zbadana. W tej klinice istniała szansa na operację mniej inwazyjną, niż ta, którą zaproponowali nam w Londynie. Miałaby się odbyć metodą fetoskopową. Rozszczep mógłby zostać zamknięty bez konieczności wyciągania dziecka z brzucha!

Dzień później mieliśmy wizytę u specjalisty w Gdańsku.

Wszystkie spotkania zostały zaplanowane na parę dni po naszym przylocie, aby chociaż na chwilę zapomnieć o całej sytuacji i po prostu cieszyć się życiem. Nie udało się. Nie było dnia, w którym Ewa nie wspomniałaby o naszym dziecku.

Parę dni przed wyjazdem do Warszawy nasz syn dostał gorączki i złapało go przeziębienie. Zapewne miała na to wpływ zmiana klimatu. Dogadaliśmy się więc tak, że do stolicy pojedzie z Ewą jej mama, a ja zostanę z Sebastianem w domu, by czuł się bezpiecznie. Nie na co dzień widział dziadka i wujostwo. Dwa bilety na pociąg pospieszny zostały kupione, a następnie z samego rana dwie kobiety o wielkich sercach wsiadły do wagonu i ruszyły w czterogodzinną podróż.

Po przyjeździe na miejsce od głównej stacji kolejowej do kliniki dzieliło je sześć kilometrów, które ze względu na duży zapas czasu postanowiły przejść na piechotę. Betonowa dżungla, miasto tętniące życiem, remonty, hałas, korki, wyścig szczurów, to uroki, za którymi nie przepadaliśmy.

W końcu, między ciągnącymi się obejściami placów budowy dziewczyny trafiły pod właściwy adres. Opowiadały mi, że były miło zaskoczone indywidualnym podejściem personelu i tym, jakim sprzętem dysponowała klinika.

W poczekalni spędziły może kilka minut, może dłużej, jednak z tego, co wiem, Ewka czuła się, jakby ten czas był znacznie dłuższy. Nie umiała być spokojna, a stres potęgował jej niecierpliwość.

Weszły do sali. Młody doktor przywitał się, po czym powoli i precyzyjnie wykonał wszystkie badania. Znowu to samo, USG, maluszek wijący rączkami i nóżkami na lewo i prawo, dziesiątki zdjęć. Wszystko to w celu otrzymania dokładnego wyniku oraz potwierdzenia lub zakwestionowania diagnozy otrzymanej w Wielkiej Brytanii.

Monitor został wyłączony po raz kolejny, a twarz doktora skierowała się w kierunku Ewy. Diagnoza została potwierdzona, maluszek miał rozszczep kręgosłupa w odcinku lędźwiowo-krzyżowym. Cztery ostatnie kręgi nie były do końca rozwinięte.

Po badaniu lekarz przeprowadzi z Ewą rozmowę. Zaczął od potwierdzenia diagnozy oraz od tego, że operacja metodą feteskopową nie może się odbyć ze względu na łożysko przodujące. Potem zaczął mówić o pozytywach tej sprawy. Po pierwsze zaznaczył, że dzieciątko rusza nóżkami, co w przypadku rozszczepu w tym odcinku było bardzo istotne. Po drugie, rozszczep nie był duży, im niżej, tym sytuacja wyglądała lepiej. Po trzecie poradził, by monitorować ciążę do końca, urodzić dzidziusia i przeprowadzić operację zaraz po urodzeniu.

Jedyne, co mi się nie spodobało w to wypowiedź lekarza o mnie. Kiedy dziewczyny wspomniały, że chciałyby przekazać mi informacje dotyczące całej tej rozmowy, doktor odpowiedział, że gdyby interesowało mnie, co dzieje się z dzieckiem, to byłbym tam z nimi. Tłumaczyłem sobie to jedynie tym, że nie wiedział o gorączce drugiego naszego dziecka, które również było dla nas całym światem.

Wizyta się skończyła.

Nie mogłem spać, czekałem do przyjazdu rodziny i na to, aż opowiedzą mi wszystko, co powiedział lekarz. Pamiętam, że kiedy Ewa wtedy wróciła, to po raz pierwszy od dłuższego czasu na jej twarzy gościł szeroki, szczery uśmiech. Kiedy weszła do domu, od razu skierowała się do Sebastiana. Przytuliła go i odruchowo sprawdziła gorączkę. Nie wystarczyło jej kilka telefonów w tej sprawie, ale wydawało mi się to naturalne. Po rozmowie z doktorem nabrała większego optymizmu. Porozmawialiśmy sobie chwilkę, a następnie poszliśmy spać, bo rano czekała Ewę pobudka i kolejna wycieczka. Sebastian w dalszym ciągu nie czuł się dobrze, więc znów postanowiłem z nim zostać.

Ewa wraz z mamą pojechały do Gdańska, kiedy jeszcze spałem. Rano byłem spokojny, bo co mogłoby się zmienić w przeciągu jednego dnia? Poszedłem więc na górę i czekałem, aż czajnik zacznie gwizdać, by znów móc napić się przepysznej, sypanej kawy.

Tamten dzień do południa spędziłem z teściem, równocześnie monitorując stan syna. Pogadaliśmy sobie, pooglądaliśmy telewizję i czekaliśmy na powrót rodziny.

Siedziałem na narożniku, kiedy usłyszałem, jak ktoś otwiera drzwi na dole. Po prawie pięciu minutach usłyszałem, jak Ewa wchodzi schodami na górę. Czekałem na nią z uśmiechem, bo przecież Pan doktor z Warszawy pozwolił optymistycznie spojrzeć na ciążę. Zamiast tego w drzwiach dzielących korytarz od salonu ujrzałem moją żonę, całą zapłakaną, zestresowaną, z kartonową teczką papierów z kliniki. Nie miałem pojęcia, o co chodzi, przecież wczoraj wróciła do domu z uśmiechem na ustach, a dzisiaj znów płacz? Od razu spytałem się jej, co się stało? Na co ona mi odpowiedziała, czy jestem gotowy na najgorsze? Na jakie najgorsze? Odpowiedziała, że pani doktor nie tylko potwierdziła poprzednią diagnozę, ale też odkryła przed Ewą informację, że dziecko ma wtórne wodogłowie. Powiedziała jej wszystko, co jeszcze może się wydarzyć, że dziecko może jeździć na wózku inwalidzkim, że mogą nastąpić jakieś neurologiczne problemy i tak dalej.

Musiałem przejść do kontrataku, nie mogłem patrzeć, jak moja żona znów płacze. Po prostu jej powiedziałem, żeby nie słuchała tych bzdur, niech się kieruje słowami, które usłyszała w Warszawie. Żeby myślała pozytywnie, a wszystkie negatywy wyrzuciła z głowy. Nie było to jednak takie proste i po raz kolejny moje argumenty nie dawały żadnego efektu. Ręce mi opadły, tak bardzo chciałem jej pomóc, ale znów nie wiedziałem, jak to zrobić.

Siedzieliśmy tak do wieczora. Ewa po długich rozmowach ze mną i ze swoją mamą trochę się uspokoiła.

Kiedy kładliśmy się już spać, zapytałem się jej, czy na pewno powiedziała mi już wszystko. W odpowiedzi usłyszałem, że spytała się Pani doktor, co ta zrobiłaby na jej miejscu. Usłyszała, że usunęłaby ciążę. I zaproponowała jej to. Złapałem się za głowę. Jak można tak powiedzieć pacjentce? Jak można namawiać kogoś, do usunięcia, a raczej do zamordowania żywej, małej, niewinnej istotki? Czy ci ludzie nie mieli empatii? Sumienia? Najlepiej nie mieć problemu, bo po co to komuś potrzebne? Trzymałem się swojej wersji, by słuchać tego, co mówiono w stolicy. Powtórzyłem jej to po raz kolejny i poszedłem spać, miałem już dość smutków, zmartwień i łez.

Zostaliśmy w Polsce jeszcze przez parę dni. Atmosfera zrobiła się nieco lżejsza, aczkolwiek nie było dnia, by choć na chwilę nie wspomnieć o dzidziusiu.

W końcu nastał dzień powrotu do domu. Spakowaliśmy bagaże i wyruszyliśmy w podróż na lotnisko, a następnie polecieliśmy do Doncaster w Wielkiej Brytanii. Kiedy lądowaliśmy, było już ciemno i padał deszcz. Poczekaliśmy chwilę, aż firma parkingowa przywiezie nam nasze auto, po czym wróciliśmy do domu.

Oczekiwanie na kolejną wizytę

Nigdy nie rezygnuj z marzenia, tylko dlatego, że zrealizowanie go wymaga czasu. Czas i tak upłynie.

Earl Nightingale

Po powrocie nic już nie było takie same. Odkąd usłyszeliśmy potwierdzenie diagnozy, nasze życie przewróciło się do góry nogami. Byliśmy załamani, a sprawę jeszcze tylko pogarszała świadomość wodogłowia córeczki i ewentualnych powikłań neurologicznych. Mijał dzień za dniem. Staraliśmy się żyć normalnie, myśleć pozytywnie, mówić do dzidziusia jak najczęściej. Wciąż jednak z tyłu głowy była myśl, kiedy przyjdzie kolejny list, bo wiedzieliśmy, że ciążę trzeba będzie monitorować. Tylko zagadką było, ile jeszcze czekało nas badań?

Po prawie dwóch tygodniach przyszła oczekiwana korespondencja. Od razu ją otworzyłem, spojrzałem na datę kolejnej wizyty oraz na nazwę szpitala, do którego mieliśmy się udać. W liście było napisane, by za trzy tygodnie udać się do szpitala w Wakefield, nie do Leeds, gdzie byliśmy ostatnim razem. Trochę nas to zdziwiło, ponieważ myśleliśmy, że ciąża będzie monitorowana co tydzień.

Musieliśmy się uzbroić w cierpliwość. W międzyczasie przyleciała do nas moja mama, by trochę nam pomóc przy Sebastianie. Była u nas akurat jeszcze w ten dzień, kiedy mieliśmy USG kontrolne. Dzięki temu mogliśmy na spokojnie porozmawiać z lekarzami, a moja mama mogła przez ten czas zająć się synkiem w domu.

Kolejna wizyta, na którą weszliśmy po czasie. Wiedzieliśmy, co nas czeka, z tą tylko różnicą, że w pomieszczeniu znajdowało się więcej lekarzy. Jedyne, co mi się podobało na tych badaniach to to, że za każdym razem mogliśmy zobaczyć naszego maluszka. To niesamowite, widzieć, jaka drzemała w niej energia, jak wiła kończynami na wszystkie strony, a szczególnie, jak obracała głowę w naszą stronę.

Kiedy już ludzie w białych fartuchach skończyli badania, wszyscy skierowali na nas wzrok. Z poprzednich doświadczeń wnioskowałem, że nie wróży to nic dobrego. Spytałem więc prosto z mostu, o co chodzi tym razem?

Skóra dziecka w miejscu, w którym występował rozszczep, była otwarta, ale osłonięta jakąś błoną. Powiedzieli nam, że istnieje możliwość pęknięcia błony, wtedy płyn mózgowo-rdzeniowy może się wydostać, co niosłoby ze sobą bardzo duże ryzyko kolejnych powikłań.

Znowu włos zjeżył mi się na głowie, a przez całe ciało przeszły dreszcze. Co badanie dowiadywaliśmy się nowych, przerażających rzeczy. Nasze samopoczucie spadło na bardzo niski poziom.

Z nowymi informacjami wróciliśmy do domu i na nic nie mieliśmy już siły. Po krótkim przywitaniu Sebastian wrócił do salonu bawić się z babcią. Nawet lody przy ulubionym programie w telewizji nie sprawiły nam żadnej przyjemności. Nie dało się tych wszystkich informacji w żaden sposób zagłuszyć.

Nasz syn mimo młodego wieku widział, że rodzice są smutni, ale nie wiedział z jakiego powodu. To było logiczne, przecież miał tylko trzy latka, a jak to dziecko w tym wieku, chciało zwrócić na siebie uwagę, więc zaczął nam dokuczać.

Kolejnego dnia musieliśmy usiąść i ustalić plan działania, bo sprawa była już zbyt poważna. Rozmawialiśmy od południa do wieczora i po głębszej analizie całej sytuacji postanowiliśmy, by kontynuować życie tak, jak robiliśmy to przed ciążą. Jedynym priorytetem było to, by poświęcić czas synkowi, ponieważ ta kwestia została przez nas mocno zaniedbana, a tak być nie powinno. Mimo wszystkich słów, jakie usłyszeliśmy już do tej pory, nie straciliśmy nadziei. Do rozwiązania czekały nas jeszcze trzy USG, tym razem w szpitalu dziecięcym w Leeds z racji tego, że tam miał się odbyć poród.

Mijały kolejne dni. Życie toczyło się dalej, a my nabieraliśmy dystansu do sprawy i poświęcaliśmy więcej wolnego czasu synowi. Żona dbała o siebie cały czas. Bardzo często rozmawiała z córeczką, tak samo ja. Ja jednak nieco się wygłupiałem, by te chwile były przede wszystkim zabawne. Każdy sposób na poprawę ogólnego nastroju nas wszystkich był na wagę złota.

Na kolejną wizytę pojechaliśmy pociągiem. Nie chciałem ponownie przeżywać stresu związanego z szukaniem miejsca parkingowego. I to przed tak ważnym USG.

Kontrola przebiegła dobrze. Na szczęście nie wykryto kolejnych powikłań, błona nie pękła, a tego obawialiśmy się najbardziej.

Nie pozostało nam nic innego, jak oczekiwać na kolejny list. Na szczęście przyszedł już po paru dniach, a zawarta w nim informacja mówiła o kolejnym USG za następne trzy tygodnie.

Kontynuowaliśmy naszą codzienność, która wzbogaciła się o intensywne ruchy maluszka w brzuchu Ewy. Pamiętam, że jak przykładałem swoje ucho do brzuszka, to nie raz dostałem porządnego, energetycznego kopniaka.

Kolejne tygodnie minęły bardzo szybko, a kiedy nadszedł czas, udaliśmy się na wizytę tak samo, jak ostatnim razem, czyli pociągiem. Nasz syn był bardzo podekscytowany, ponieważ pociągi były dla niego czymś niesamowicie pociągającym.

To było już ostatnie USG i jedyne, co nas interesowało, to informacja o braku kolejnych powikłań. Dzięki Bogu nic więcej się już nie działo. Lekarze przypomnieli nam, że była to już ostatnia kontrola i do czasu rozwiązania nie widzą powodu, by przychodzić po raz kolejny.

Do czasu porodu zostały niecałe dwa miesiące. Musieliśmy się zastanowić, co zrobić z Sebastianem, gdy nadejdzie dzień rozwiązania. Potrzebowaliśmy kogoś, kto się nim zajmie, żebyśmy oboje mogli pojechać do szpitala. Wspólnie ustaliliśmy, że w pracy wykorzystam ostatnie dni urlopu, które mi zostały na ten rok, aby móc polecieć z synem do Polski, do rodziców Ewy. Miałem tam zostać przez kilka dni, by się oswoił, a następnie wrócić do Ewy już sam.

Cały plan był tylko z pozoru bajeczny. Drugiego czerwca wyjeżdżaliśmy, a piątego wracałem. Poród Ewy był wyznaczony na siódmego czerwca, a ryzyko, że zacznie się wcześniej, było naprawdę duże. Bałem się, że nie zdążę, ale nie mogliśmy zostawić naszego syna ot tak, bez żadnej aklimatyzacji. Tak więc modliłem się, by wszystko potoczyło się według planu. Nie zapomniałem jednak zabezpieczyć Ewy, tak na wszelki wypadek. Poinformowaliśmy naszych sąsiadów o sytuacji i przygotowaliśmy numery taksówek. Po karetkę nie byłoby sensu dzwonić z prostego powodu. Kierowca karetki pogotowia był zmuszony zabrać pacjenta do najbliższej placówki w regionie, a w tym przypadku byłby to szpital w Pontefract. Ostatnie miejsce, gdzie chcielibyśmy trafić.

Z jednej strony byłem spanikowany, ponieważ miałem zostawić ciężarną żonę parę dni przed terminem samą w domu, z drugiej zaś podobała mi się myśl, że pierwszy raz w życiu polecę gdziekolwiek sam z synem, bez mamy, na taki męski wypad.

Przed wyjazdem na lotnisko przyłożyłem usta do brzuszka i powiedziałem naszej córce, że ma na mnie zaczekać. Pocałowałem brzuszek, dostałem kopniaka w zęby na do widzenia, wrzuciłem plecak do bagażnika, po czym wyjechaliśmy z synkiem na lotnisko.

Ojciec i Syn

*Człowieczeństwo to dbanie o swoją rodzinę i zdolność do poświęceń
dla innych ludzi.*

Magic Johnson

Było to strasznie dziwne uczucie. Mieliśmy lecieć z synem do Polski, tak bez mamy, która zawsze wcześniej nam towarzyszyła. Z początku myślałem, że Sebastian będzie wypytywał o Ewę, ale całe szczęście obeszło się bez tego. Na lotnisku byliśmy nieco wcześniej. Ostatnią rzeczą, jakiej bym chciał, to być gdziekolwiek na ostatnią chwilę. Nigdy nie lubiłem się spóźniać, aczkolwiek parę razy zdarzyło mi się biec na pociąg, czy autobus i wiem, ile to generuje stresu. Czekając na nasz lot wstąpiliśmy do Subway na kanapkę. Kiedy już się najedliśmy i zapłaciliśmy jak za zboże, poszliśmy oglądać startujące i lądujące samoloty. Czas mijał nam więc na obserwowaniu ogromnych maszyn, co wzbudzało w dziecku wiele przyjemnej dla oczu radości. Jedynym problemem była bardzo późna godzina przelotu z Doncaster do Gdańska. Bałem się, czy nasz syn pójdzie w ogóle spać. Okazało się, że zupełnie niepotrzebnie się martwiłem. Po odprawie weszliśmy do samolotu i udało nam się usiąść przy oknie, a kiedy tylko samolot wzleciał na odpowiednią wysokość, Sebastian usnął. Podejrzewam, że w innym wypadku chciałby zwiedzić każdy kąt pokładu.

Obudził się zaraz przed lądowaniem. Odprawa przebiegła bez problemów. Zadzwoniłem do teściów i chwilę później przyjechali, by nas odebrać.

Tak samo, jak poprzednim razem, w samochodzie grało polskie radio, a podróż przebiegła bez problemu.

Rano przywitało nas piękne słońce na bezchmurnym niebie. Po śniadaniu zadzwoniłem do Ewy na video rozmowę, by spytać, jak się czuje. Całe szczęście wszystko przebiegało zgodnie z planem, a maluszkowi nie spieszyło się na świat. Porozmawiałem z nią jeszcze tylko chwilkę, bo zaraz miał być obiad. Jedzenie było pyszne, zresztą jak zawsze. Odpocząłem kilka minut, Sebastian został z babcią, a ja wraz ze szwagierką poszliśmy biegać. Wystartowaliśmy z Pucka, przebiegliśmy przez Połczyno, potem Brudzewo, Celbowo i na końcu z powrotem do Pucka. Pokonaliśmy razem ponad dwanaście kilometrów w godzinę i trzynaście minut. Nie tak źle, choć bywały lepsze wyniki. Dopiero po biegu zdałem sobie sprawę z tego, iż jedzenie klopsów przed treningiem nie było najlepszym pomysłem. Do tego chciałem rozbiegać nowe buty. Pech chciał, że zapomniałem obkleić stóp plastrami i bieg skończył się na lekko zdartej skórze na piętach.

Przygotowywałem się do biegu Spartan Race, który miał się odbyć w lipcu. Dwa dystanse, jeden w sobotę, drugi w niedzielę. Było to dla mnie wyzwanie, z którego mimo sytuacji z córką nie chciałem rezygnować. Było to mi potrzebne do zachowania równowagi, zarówno psychicznej, jak i fizycznej.

Wróciliśmy do domu i byłem ciekawy, jak mały zachowywał się z babcią. Jak się okazało, był grzeczny i cały ten czas spędził w ogrodzie, bawiąc się w baseniku. Najbardziej podobało mi się, jak trzymał szlauch i wrzucał do basenu zabawki, jednocześnie zafascynowany przyglądając się, jak woda ucieka na trawę.

W końcu dzień dobiegł końca. Kiedy jednak Sebastian poszedł spać, postanowiliśmy go nieco przedłużyć i zorganizowaliśmy w ogrodzie grilla. Trzymając w ręce butelkę piwa, cały czas myślałem o tym, jak moja żona radzi sobie sama w domu, czy dziecko nie będzie chciało szybciej przyjść na świat? Mimo tego, że starałem się panować nad emocjami, moja głowa wciąż była pełna zmartwień.

Wieczorem zadzwoniłem jeszcze raz do Ewy. Uspokoiła mnie, mówiąc, że maluszkowi się nie spieszy. Z tą informacją mogłem spokojnie iść spać.

Nastał kolejny dzień. Czerwiec bez wątpienia był bardzo gorący. Już o dziewiątej rano dało się odczuć skok temperatury. Zapowiadał się piękny poranek.

Pojechaliśmy na małe zakupy, potem wstąpiliśmy do lodziarni, by móc młodemu zrobić małą niespodziankę. Uwielbiał słodkie, zwłaszcza lody, a taki wypad bardzo mu się spodobał.

Wyjście z synem na lody w upalny dzień

Po powrocie do domu musiałem znowu gdzieś zniknąć, by Sebastian zaczął się oswajać z sytuacją, że taty nie ma w pobliżu. Za każdym razem słyszał, że tata poszedł do pracy. Najczęstszym wyjściem z domu były treningi. Wykupiłem parę sesji na siłowni, by kontynuować pracę nad kondycją i jak najlepiej przygotować się do biegu z przeszkodami. Było tam mnóstwo sprzętów, które pomagały mi w przygotowaniach.

Przygotowania na bieg Spartan Race

Wszystkie treningi robiłem intensywnie, ale bardziej skupiając się na ćwiczeniach wydolnościowych niż siłowych. Z każdym dniem kondycja robiła się coraz lepsza.

Za każdym razem, gdy wracałem do domu, okazywało się, że mój trzylatek spisywał się na medal. Nic nie płakał. Taty nie było w pobliżu, a jednak to mu nie przeszkadzało. Wszyscy najbardziej obawiali się właśnie tego, że dziecko będzie za mną płakać.

Ostatnie dwa dni w Polsce spędziłem spokojnie, codziennie dzwoniłem do Ewy i wypytywałem się o sytuację. Spędzałem czas z synem oraz rodziną. Nikogo nie odwiedzałem, ponieważ kompletnie nie miałem do tego głowy ani czasu.

Ten bardzo krótki wyjazd był wspaniały, bo dzięki niemu nie tylko spędziłem czas z bliskimi, ale też nabrałem nieco dystansu do rzeczywistości. Musiałem jednak wracać do mojej żony.

Piątego czerwca wieczorem pojechałem na lotnisko do Gdańska, skąd miałem lot powrotny. Wsiadłem do mojego samolotu i wyruszyłem w drogę.

Wylądowałem w Doncaster i poczułem chłód, tak różny od polskiej aury lata. Niby był czerwiec, ale w Anglii ładnej pogody w tym czasie nie było. Odebrałem samochód, po czym pojechałem do domu. Kropelki deszczu spływały leniwie po szybach auta, a z racji późnej godziny wokół mnie panowała typowa ciemność. Jechałem ostrożnie, myśląc, co działo się w Polsce z synkiem i w domu z Ewą. Musiałem się skupić na jeździe, lecz te myśli nie dawały mi spokoju. Chciałem być w domu jak najszybciej, ale autostrada ze zjazdem do mojej miejscowości została zamknięta. Napis „remonty drogowe" zmusił mnie do zmiany planów i ruszenia trasą przez miasto. Mimo późnej godziny utknąłem w korku i do domu dotarłem dwie godziny później, niż planowałem.

Przywitałem się z żoną i maluszkiem, po czym poszliśmy spać. Rano opowiedziałem im, jak przebiegł pobyt w rodzinnym kraju. W międzyczasie dowiedziałem się jeszcze, że w sobotę po planowanym porodzie przyjedzie do nas moja mama, co sprawiło mi niemałą ulgę. Pomoc w takich chwilach to coś na wagę złota.

Mijały godziny i dni, aż nadszedł ten najważniejszy, dzień rozwiązania, na który tak długo czekaliśmy.

Poród

Życie nie toczy się tak, jak powinno, ale jest takie jak jest. Sposób w jaki sobie z tym radzisz, stanowi całą różnicę.

Virginia Satir

Nie spaliśmy prawie całą noc. Rano mieliśmy zadzwonić do szpitala w Leeds i dowiedzieć się, na którą godzinę mamy się stawić na indukcję. Torba została spakowana już dwa dni przed terminem i jak się okazało po telefonie, musiała sobie jeszcze trochę poleżeć w domu. Dowiedzieliśmy się od Pani z biura, że nie ma wolnych łóżek i musimy codziennie dzwonić i dowiadywać się, czy jakieś łóżko się zwolniło.

Nic nam w tym nie pasowało. Najpierw nam mówili, że siódmego czerwca mamy się stawić na indukcję, ponieważ poród miał być kontrolowany, specjaliści mieli być na miejscu i dziecko miało zostać zabrane zaraz po porodzie, a tu nagle dowiadujemy się, że nie ma wolnych miejsc! Totalny absurd!

Nic nie mogliśmy na to poradzić, chociaż naszym zdaniem organizacja placówki była na zerowym poziomie. Pozostało nam tylko czekać do soboty i wtedy wykonać kolejny telefon.

Z samego rana znowu zadzwoniliśmy i po raz kolejny nie było dla nas miejsca! Pani przez telefon powiedziała, by zadzwonić wtedy, kiedy zaczną się skurcze.

Parę godzin po wykonaniu telefonu przyjechała do nas moja mama. Siedzieliśmy do wieczora, rozmawiając, a raczej zgadując, jak nasza córka będzie wyglądać i czy będzie miała tak samo dużo włosków, jak jej brat, kiedy się urodził. Powspominaliśmy, pośmialiśmy się i poszliśmy spać.

Nastała niedziela. Była godzina szósta rano, kiedy obudziła mnie żona i powiedziała, że jedziemy do szpitala, bo się zaczęło.

Wsiedliśmy wszyscy do samochodu i po trzydziestu pięciu minutach dojechaliśmy do szpitala. Na szczęście udało mi się zachować zimną krew, bo inaczej trasę musielibyśmy pokonywać piechotą. Ewa wyszła z samochodu i poszła do szpitala nieco szybciej, podczas gdy z mamą poczekaliśmy jeszcze na miejsce parkingowe. Po pięciu minutach i my pobiegliśmy na salę przyjęć. Weszliśmy na górne piętro, a Ewę przyjęli na badania kontrolne, które trwały około trzech godzin. Kiedy lekarze stwierdzili, że już czas na poród, weszliśmy do pokoju, w którym miało się wszystko rozstrzygnąć. Moja mama usiadła na korytarzu, lecz ku jej zdziwieniu, po paru minutach podeszła do niej położna i spytała się, czy nie chciałaby wejść z nami do sali. Zgodziła się wciąż zaskoczona, ponieważ nigdy nie przypuszczała, że może być przy porodzie własnej wnuczki.

Minęło parę godzin i na świat przyszła Natalia. Niedziela, dziewiąty czerwca, dwa dni po terminie. Trzy tysiące czterysta pięćdziesiąt gram szczęścia. Niestety, nie mogliśmy się nią długo nacieszyć. Musieli ją zabrać jak najszybciej. Na plecach miała otwartą ranę, zaraz nad pupą, niewielką. Wyglądało to tak, jakby rozcięła sobie skórę o kant stołu. Położne owinęły to miejsce folią spożywczą, bo z rany zaczął się sączyć przezroczysty płyn.

Kobieta przyjmująca poród była pod wrażeniem. Powiedziała, że w swojej karierze nigdy jeszcze nie spotkała się z tym, by rodząca była tak opanowana, i nie wydawała z siebie żadnego krzyku. Ewa była tak skupiona na szybkim urodzeniu córki, że skupiała się wyłącznie na procesie, zupełnie nie wydając z siebie głośniejszych dźwięków.

Niemowlaka zabrali z pokoju, a w sali zostały podjęte czynności poporodowe. Następnie, kiedy Ewa już odpoczęła, pokazali jej, które łóżko zostało dla niej przygotowane oraz na który oddział miała się udać.

Odprowadziliśmy ją w dane miejsce, a następnie pożegnaliśmy się i wróciliśmy z moją mamą do domu.

Następnego dnia pojechaliśmy do naszych dziewczyn pociągiem, zostawiając auto na parkingu pod peronem. Przywieźliśmy Ewie rzeczy, których wcześniej zapomniała spakować do torby oraz krzyżówki, dwieście panoramicznych.

Przebywając w szpitalu, dowiedzieliśmy się, że operacja została odłożona na wtorek, ponieważ nie było w tym czasie specjalistów, którzy mieliby zamknąć kręgosłup. Pobyliśmy z Ewą tak długo, jak mogliśmy, ale nie było to zbyt długo. Wieczorem odbieralismy z lotniska mamę Ewy z Sebastianem. Pożegnaliśmy się, mówiąc, żeby się nie martwiła. Niestety, ale było widać, że u mojej żony wystąpił szok poporodowy.

Po raz kolejny nic mi nie pasowało. W mojej głowie zaczęły tworzyć się dziesiątki pytań. Dlaczego poród nie odbył się w wyznaczonym terminie? Dlaczego tak ważna operacja została przesunięta aż o dwa dni oraz dlaczego u mojej żony wystąpił szok poporodowy tak samo, jak przy pierwszym dziecku? Nie umiałem sobie na to wszystko odpowiedzieć.

Wyruszyliśmy w drogę na lotnisko po pozostałych członków rodziny. Wieczorem, kiedy Sebastian poszedł spać, postanowiliśmy uczcić narodziny Natalii przy butelce Martini.

We wtorek rano moja mama pojechała wynajętym samochodem na lotnisko, by mieć zapas czasu do odlotu, który był po południu. Poleciała do Belfastu, gdzie mieszkała, a my w tym samym czasie byliśmy w drodze do Leeds, by jak najszybciej spotkać się z Ewą. Obecność jej mamy powinna w dużym stopniu poprawić jej samopoczucie. Dotarliśmy do szpitala, wjechaliśmy na piętro oznaczone „C" i udaliśmy się do Ewy. Mina mojej żony na widok swojej mamy była bezcenna, bardzo się ucieszyła i powiedziała nam, że Natalię zawieźli godzinę temu na operację zamknięcia kręgosłupa, ale lekarze nie byli w stanie powiedzieć, jak długo ona potrwa. Sebastian zaczął się nudzić, więc udaliśmy się do pokoiku na tym samym piętrze, gdzie znaleźliśmy mnóstwo zabawek oraz dwie kanapy. Synek poszedł się bawić, a my mieliśmy czas na spokojną rozmowę. Po jakimś czasie przez uchylone drzwi Ewa zobaczyła lekarzy, którzy wieźli przenośny inkubator, w którym dostrzegła naszą córeczkę. Pobiegła do recepcji wypytać się o wszystko. Nie mogliśmy od razu jej zobaczyć. Musieliśmy poczekać, aż przeniosą ją do normalnego inkubatora. Weszliśmy do kolorowej sali, w której znajdowało się dziewięć łóżek dla niemowląt po operacji. Wszystkie łóżka były zajęte. Dopiero wtedy, kiedy po raz pierwszy znalazłem się w takim miejscu, zdałem sobie sprawę, że takie rzeczy istnieją, że ludzkie tragedie są wśród nas. W poszukiwaniu łóżeczka z Natalią, chcąc nie chcąc, spojrzałem na inne dzieciaczki oraz na czuwających nad nimi rodziców, przeważnie ze smutną miną bądź ze łzami w oczach.

W końcu naszym oczom ukazała się Natalia. Spała, ale to dobrze, bo sen leczy. Podeszliśmy wszyscy do inkubatora, żeby się jej przyjrzeć. Przepisy panujące w szpitalu pozwalały na obecność jedynie dwóch osób przy inkubatorze, dlatego ustąpiłem miejsca teściowej. Wiedziałem, że jeszcze zdążę się nacieszyć córeczką. Wymienialiśmy się tak co jakiś czas, raz ja wchodziłem do sali, raz mama Ewy.

Wiedzieliśmy, że Ewę ta sytuacja bardzo przytłaczała. Do tego zaczęła pytać innych rodziców, co dolega ich dzieciom, przez co jej samopoczucie robiło się jeszcze słabsze. Postanowiliśmy więc namówić ją, by tamtego dnia wróciła z nami do domu. Pokonywaliśmy, że Natalia jest pod opieką lekarzy i nic jej się tam nie stanie. Pobyliśmy jeszcze trochę z naszą córką, a następnie poszliśmy spakować wszystkie rzeczy. Zanim udaliśmy się na peron, zgłodnieliśmy i wstąpiliśmy do naszej ulubionej, tajskiej restauracji. Kiedy wróciliśmy do domu, Ewa odzyskała nieco koloru, a jej oczy nie były już tak smutne.

Następnego dnia z samego rana pojechaliśmy do maluszka. Ku naszemu zdziwieniu, mała leżała na plecach, a nie powinna. Przecież była świeżo po operacji. Wszystko musiało się ładnie goić, więc wskazane było leżenie na brzuszku. Dopiero po naszym przyjeździe i wytłumaczeniu lekarzom, że dziecko leży w złej pozycji, obrócili ją na brzuszek. Cała rana pooperacyjna była zabezpieczona miodowym plastrem i nie mogliśmy dostrzec, czy przez przypadek nic się nie uszkodziło. Poinformowano nas również, że jak na razie nie będą mogli często zmieniać jej pozycji, zważywszy na ranę. Za wszelką cenę chcieliśmy uniknąć odleżyn, dlatego też martwiliśmy się tą sytuacją. Pobyliśmy trochę w pomieszczeniu z dziewięcioma łóżkami, poczekaliśmy, aż Ewa odciągnie mleko, bo nie było możliwości karmienia piersią, po czym udaliśmy się do pokoju zabaw.

Moja teściowa zadzwoniła do syna i poprosiła go, by zarezerwował jej bilet powrotny do domu już na kolejny dzień. Stwierdziła, że damy sobie radę i by o wszystkim ją informować, zwłaszcza kiedy

Natalia zostanie wypisana ze szpitala. Następnego dnia pojechaliśmy odwieźć moją teściową na lotnisko.

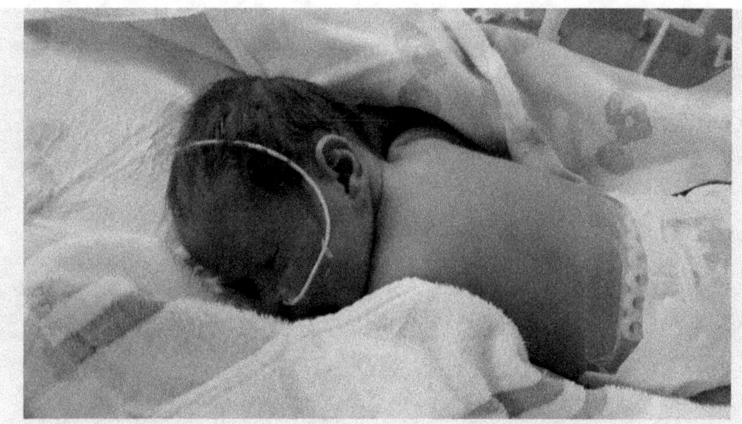

Natalia po operacji, rozszczep został zamknięty oraz zabezpieczony miodowym plastrem

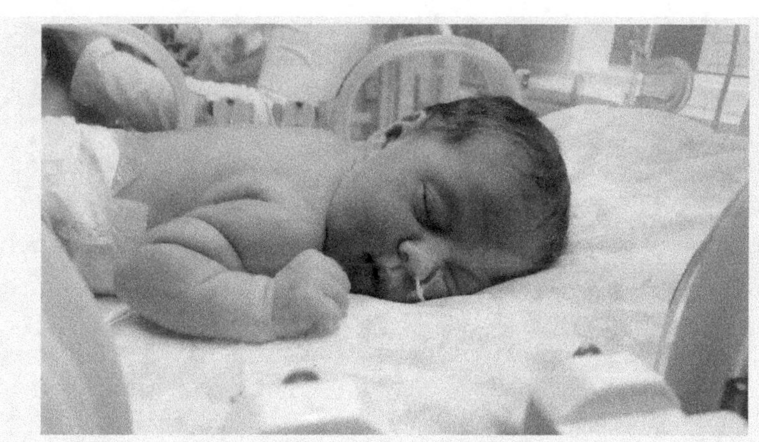

Pierwsze spotkanie z córką, już po operacji

Kolejne powikłania

*Jest tylko jedna rzecz, która sprawia, że marzenie jest niemożliwe
do osiągnięcia: strach przed porażką.*

Paulo Coelho

Nie pamiętam, kiedy ostatnim razem tak się wyspałem. Wstałem
rano, jeszcze przed Ewą i Sebastianem, a potem zszedłem na dół przygotowywać śniadanie. Po mniej więcej trzydziestu minutach wszyscy
już wstali, a w kuchni unosił się zapach jajek sadzonych z bekonem
oraz kawy. Jedzenie musiało być pożywne, bo czekał nas cały dzień
poza domem.

Mieliśmy już wychodzić, gdy nagle zadzwonił telefon ze szpitala.
Okazało się, że główka Natalii zaczęła się powiększać i konieczne jest
wstawienie zastawki. Zaczęło powstawać wodogłowie i lekarze musieli reagować, pilnie prosząc nas przez telefon o zgodę na operację.
Nie mieliśmy wyboru, musieliśmy się na nią zgodzić. Jak na złość
w ten sam dzień, kiedy byliśmy już na peronie, cali zestresowani, pociąg został odwołany i czekaliśmy ponad godzinę, aż przyjedzie następny. Powodem tej pechowej sytuacji była niedziałająca sygnalizacja świetlna, która sparaliżowała cały ruch kolejowy. Siedząc już
w spóźnionym pociągu, myśleliśmy tylko o tym, co się dzieje z naszym dzieckiem, przecież tego nie było w planach, rozszczep miał być
zamknięty i Natalia miała być wypisana do domu, a tu zaczęły tworzyć
się kolejne powikłania. Po wyjściu z peronu złapaliśmy szybko autobus numer pięć i pojechaliśmy do placówki. Będąc już na piętrze C,
w sali nie zastaliśmy naszej córki, wytłumaczyli nam, że została zabrana na blok operacyjny. Na próżno było nam czekać, bo nie wiedzieliśmy, ile czasu zajmie operacja. Poszliśmy więc na stołówkę coś zjeść,
chociaż nie chcieliśmy ze względu na zbyt wysokie ceny. Za obiad dla
trzech osób, i to wcale nie taki pożywny, trzeba było zapłacić ponad

piętnaście funtów! Kiedy już z konta ubyły nam pieniądze, udaliśmy się do pokoiku zabaw, aby Sebastianowi się nie nudziło. Czekaliśmy, co chwilę spoglądając na zegarek. W końcu, po paru godzinach przywieźli Natalię z powrotem do pokoju, gdzie leżały dzieciaczki po operacjach. Podchodząc do jej inkubatora, rozpłakałem się, tak samo Ewa. Nad jej małym uchem widoczna była skóra pozbawiona włosów i szew, pod którym wyraźnie widać było małe uwypuklenie. To jednak nie koniec. Na jej brzuszku również został założony szew, ponieważ zastawka prowadziła od głowy i kończyła się gdzieś w brzuszku. To wszystko po to, by płyn mózgowo-rdzeniowy mógł normalnie przepływać, a nie kumulować się w mózgu dziecka. Biedna Natalia. Niedawno się urodziła, a za nią już dwie poważne operacje. Do tego nie mogła leżeć na plecach, jak zdrowe dziecko, tylko cały czas na brzuszku, nie mogła jeść z piersi, tylko z butelki. Chociaż jedna rzecz była w tym wszystkim pozytywna, mianowicie dziecko dostawało pokarm matki, który był odciągany codziennie. Udało się zrobić dość duży zapas, który był przechowywany na tym samym oddziale w zamrażarce. Ewa była cały czas w stresie, więc pokarmu zaczęło się robić coraz mniej. Mimo to wciąż się nie poddawała, aby Natalka miała stały dostęp do mleka. Siedzieliśmy tak nad jej inkubatorem, podczas gdy nasz syn oglądał bajki na telefonie. Jeśli chcieliśmy mieć trochę czasu na przemyślenia, to podłączenie się pod szpitalne, darmowe łącze i puszczenie mu bajek było jedynym wyjściem. Siedziałem tak ze smutną miną, wpatrzony w szew na głowie córeczki, gdy po chwili moją uwagę odwrócił głos człowieka w białym fartuchu. Był to neurolog, któremu towarzyszyła asystentka. Wstaliśmy, aby wysłuchać, co mają nam do powiedzenia, a mieli bardzo dużo. Musieli nam wszystko dokładnie wytłumaczyć. Po jakimś czasie uspokoiliśmy się, wszystko nam wytłumaczono oraz powiedziano, że operacja przebiegła pomyślnie i będą obserwować ją neurolodzy, niekoniecznie ci, którzy z nami rozmawiali. Mieli codziennie przychodzić i mierzyć jej obwód głowy, czy wodogłowie zanika i czy zastawka działa poprawnie. Po operacji przypomniało mi się, że Pani profesor z Gdańska mówiła, że dziecko ma wtórne wodogłowie i prócz rozszczepu kręgosłupa może mieć dalsze powikłania, jednak trzymając się ciągle pozytywnego myślenia, zwyczajnie to zignorowałem. Życie pokazało, że byłem w błędzie. Pozytywne myślenie to jedno, ale świadomość tego, co może się wydarzyć, lecz nie musi, to drugie.

Natalia praktycznie cały czas spała po kolejnej operacji, ale to dobrze, sen jest dobry na wszystko, szczególnie dla tak małego dziecka. Nie zliczę, który raz z kolei opuszczaliśmy szpital, żegnając się z naszą córką i mówiąc jej, że jutro znów przyjedziemy. Wróciliśmy więc do domu, wypiliśmy herbatę z melisy i poszliśmy spać. Ten dzień był wykańczający. Chcieliśmy się wyspać i z rana pojechać znowu do dziecka z nadzieją, że pociąg nie spóźni się po raz kolejny, bądź nie zostanie odwołany z powodu niedziałającej sygnalizacji świetlnej. Całe szczęście nasz syn miał w tym okresie wolne od przedszkola i mogliśmy go brać ze sobą. Głównie chodziło o to, że nie chciałem mojej żony zostawiać ze wszystkim samej. Chciałem być przy niej cały czas. W tamtym czasie bardzo często się kłóciliśmy, ale wspieranie jej wciąż pozostawało moim priorytetem. Cała sytuacja zaczęła nas przerastać, wszystko szło w odwrotnym kierunku, niż powinno.

Następnego dnia przyjechaliśmy do Leeds i postanowiliśmy się przejść piechotą do szpitala. Nawet w środku tygodnia po mieście chodziło mnóstwo ludzi i praktycznie na każdym rogu siedzieli bezdomni, najczęściej z psami, prosząc o drobne. Ilość ludzi siedzących na ulicy była przerażająca. W większości były to młode osoby, a od czasu do czasu można było zobaczyć również ludzi w podeszłym wieku. Droga od peronu do placówki zajmowała około piętnastu minut. Spacerowaliśmy z trzylatkiem, więc trasa zajmowała nam nieco dłużej. Jeśli Sebastian komunikował, że jest głodny, wchodziliśmy do sklepu z gotowymi kanapkami i kupowaliśmy mu bagietkę z szynką i serem, prosząc przemiłą obsługę o podpieczenie, by kanapka nie była zimna. Wtedy do szpitala szliśmy około pół godziny. Przechodząc przez most nad drogą szybkiego ruchu, mijając bezdomnego starca z długą siwą brodą oraz jego psa i rozbity namiot, a następnie skręcając w prawą uliczkę, byliśmy już przy szpitalu. Będąc już na piętrze C, czekaliśmy, aż ktoś z recepcji otworzy nam drzwi. Weszliśmy do środka, nasz maluszek spał. Ewa zdążyła odciągnąć mleko, a po dłuższej chwili do sali weszli neurolodzy, by wykonać rutynowe badania. Wyjęli notes, długopis i dużą miarkę, którą owinęli dookoła Natalii główki. Chwila pomiarów, zapis w notatkach, a następnie rozmowa z nami. Całe szczę ście zastawka działa poprawnie i obwód główki dziecka się zmniejszał. Gdy usłyszeliśmy te słowa, odetchnęliśmy z ulgą. Jeszcze tego by nam brakowało, by wodogłowie się powiększało. Wypytaliśmy się neurologów o wszystko, co nam tylko przyszło do głowy. Najbardziej chcieliśmy wiedzieć, jak sobie radzić, kiedy wypiszą nasze dziecko do domu, jak poznać, że coś jest nie tak i zastawka nie działa poprawnie. Jakie są pierwsze symptomy, jak reagować i wiele, wiele innych pytań. Chcąc porozmawiać spokojnie z lekarzami, musieliśmy naszemu starszemu dziecku po raz kolejny włączyć bajki. Nie chcieliśmy tego robić zbyt często, ale sytuacje nas do tego zmuszały. Kiedy Sebastian był wpatrzony w ekran telefonu, my w tym samym czasie rozmawialiśmy na temat zastawki oraz wodogłowia. Po rozmowie dowiedzieliśmy się wszystkiego, lecz trudno było to zapamiętać, bo stres, który nam towarzyszył, nie pozwalał logicznie myśleć. Minęła dłuższa chwila, neurolodzy opuścili salę, my zaś mieliśmy jeszcze chwilę czasu, by posiedzieć z naszą córką. Łzy same płynęły, do tego towarzyszył ból głowy oraz zatkany nos. Czuliśmy się zmarnowani. Przez załzawione oczy mogliśmy dostrzec spojrzenia innych rodziców w naszą stronę. Zapewne sami niejednokrotnie płakali i dokładnie wiedzieli, co my w danym momencie czuliśmy. Serce mi pękało, gdy widziałem te wszystkie dzieci. Przecież niedawno się urodziły, a już musiały tyle przejść.

Wracając z toalety, gdzie byłem, by przemyć twarz od łez, stwierdziłem, że nie ma sensu dzisiaj dłużej przebywać w szpitalu. To miejsce działało strasznie depresyjnie na moją osobę i jak się domyślam, na moją żonę również. Wyszliśmy więc na zewnątrz, zostawiając za sobą ten przeklęty budynek. Również spacerem wróciliśmy na peron, spojrzeliśmy, z której stacji odjeżdża nasz pociąg i poszliśmy na peron. W pociągu było bardzo tłoczno, trafiliśmy chyba na najgorszą godzinę z tego względu, że większość podróżnych najprawdopodobniej wracała z pracy. Wcale im się nie dziwiłem, że jeździli pociągami do Leeds i z powrotem. Poruszanie się samochodem oraz znalezienie miejsca parkingowego było nie lada wyzwaniem.

Sebastianowi bardzo podobało się, że jechaliśmy pociągiem. Gdyby tylko mógł, to w ogóle by z niego nie wysiadał. Nie mieliśmy go z kim zostawić, więc braliśmy go ze sobą za każdym razem, jak jechaliśmy do Natalii.

Mój urlop ojcowski po urodzeniu się Natalii minął bardzo szybko i byłem zmuszony wziąć zwolnienie lekarskie. Na razie były to trzy tygodnie, ale lekarz powiedział mi, że w razie konieczności będę mógł je przedłużyć. Zawiozłem więc malutką kartkę papieru z pieczątką do pracy i wytłumaczyłem, że będę ich informował na bieżąco, jak przebiega sytuacja. Na tamten moment nie byłem w stanie oszacować, jak długo to wszystko będzie trwać.

Mijał dzień za dniem, a my z niecierpliwością czekaliśmy, aż wypiszą ją w końcu do domu. Wcześniej mówili, że jest to zależne od tego, jak szybko będzie się goić rana, ale przypuszczali, że może to potrwać od dwóch do trzech tygodni. Po wstawieniu zastawki ten okres mógł się przedłużyć o kolejne dwa tygodnie. Zdecydowanie nie była to informacja, którą chcieliśmy usłyszeć, jednak musieliśmy się z nią pogodzić. Nie mieliśmy innego wyjścia.

Odskocznia

Nie możesz mieć lepszego jutra, jeśli cały czas myślisz o wczoraj.

Charles F. Kettering

Przez te całe zamieszanie z naszą córką prawie zapomnieliśmy o potrzebach naszego syna. Codzienne dojeżdżanie do szpitala męczyło nie tylko nas, ale również i jego. Zbliżał się lipiec, a wraz z nim ciepłe, słoneczne dni. Dlatego postanowiliśmy, aby Sebastian spróbował swych sił w pierwszym biegu z przeszkodami. Za każdym razem, kiedy jeździliśmy na moje zawody, strasznie mu się to podobało. Uwielbiał kibicować i jakby tylko mógł, to sam by wszedł na linię startu. Wtedy jednak nie pozwalał mu na to jego wiek. Szukaliśmy trochę w Internecie i znaleźliśmy bieg z przeszkodami dla dzieci, gdzie trzyipółletnie dziecko może już startować z opiekunem! Zakupiliśmy bilet na dzień szóstego lipca. Start w pierwszej fali o godzinie dziesiątej, na dystansie trzech kilometrów. Dystans był odpowiedni, chcieliśmy sprawdzić, czy da radę tyle przebiec oraz jak będzie radził sobie na przeszkodach pod moją opieką.

Rozpoczęliśmy treningi. Sebastian biegał ze mną już wcześniej, ale bez przeszkód. Pewnego dnia zjedliśmy śniadanie, odpoczęliśmy jakąś godzinkę, a następnie poszliśmy do parku za domem potrenować. Połączyliśmy bieganie oraz przeszkody, co dawało niesamowity efekt. Za każdym razem, kiedy wychodziliśmy na trening, mówiłem mu, że jak ukończy swój pierwszy bieg, to po przekroczeniu linii mety dostanie medal. Trenowaliśmy praktycznie codziennie po powrocie ze szpitala. Jedynym wyjątkiem były deszczowe dni, wtedy włączaliśmy w telewizji internetowej filmy typu Spartan Race, rozkładaliśmy matę i ćwiczyliśmy w domu.

Dni mijały, a my trzymaliśmy się planu. Sebastian nie mógł się już doczekać soboty, tak bardzo chciał już pobiec. Wieczorem nawet nie chciał iść spać, cały czas trzymał swój plecak, w którym miał spakowane ubrania oraz buty na bieg i chciał iść do samochodu, mimo że było już ciemno i po dwudziestej pierwszej. Po małych negocjacjach poszedł w końcu do łóżka, za to rano wstał przed wszystkimi, o piątej. Mój budzik nastawiony był na szóstą rano, ale mowy o spaniu nie było. Wstałem więc razem z nim i poszliśmy przygotowywać śniadanie przed budzikiem mamy.

Najedzeni wsiedliśmy do samochodu. Ustawiłem GPS i ruszyliśmy w dwugodzinną drogę. Po przyjeździe na miejsce poszliśmy do namiotu, aby się zarejestrować. Widziałem mnóstwo starszych dzieciaków, a takich maluszków jak nasz syn raczej niewiele. Po rejestracji przebraliśmy się w nasze klubowe ubrania i poszliśmy na linię startu. Pan stojący na stogu siana zaczął prowadzić rozgrzewkę, w której robiliśmy pompki, pajacyki, podskoki oraz wiele innych ćwiczeń. Rozgrzewka trwała około pięciu minut, a ja widziałem uśmiech na twarzy naszego synka. Był strasznie zadowolony, a kiedy dali sygnał do startu, ruszył przed siebie, nie czekając na mnie. Szybko go dogoniłem, bo wiedziałem, że gdybym zniknął mu z oczu na zbyt długo, zacząłby płakać. Rozpoczęliśmy więc swój pierwszy w życiu wspólny bieg z przeszkodami. Trafialiśmy na przeszkody, które Sebastian mógł pokonywać sam, na przykład tunele zrobione w snopkach siana, bądź wspinaczka na snopki. Bywały również przeszkody, przy których potrzebował mojej pomocy, jak wspinaczka po oponach bądź przejście przez ogromną, dmuchaną poduszkę owiniętą rybacką siecią. Bawiliśmy się świetnie, pokonaliśmy razem dystans ponad trzech kilometrów naszpikowany nierównym terenem, rzeczkami oraz innymi świetnymi przeszkodami. Mimo że biegliśmy, nie mogłem przestać myśleć o Natalii. Moja głowa była zawalona pytaniami typu, co ona teraz robi? Jak się nią zajmuje personel szpitala? Czy jej główka się zmniejsza? Czy rana po operacji na plecach odpowiednio się goi? Czy zastawka działa poprawnie? Naprawdę chciałem się skupić w tym czasie tylko na biegu, moim synu oraz mojej żonie, ale nie umiałem tego zrobić. Myślałem o niej i o tym cholernym szpitalu.

Zbliżaliśmy się już do mety, a mi udało się, choć na chwilę zapomnieć o wszystkim i cieszyć się z ukończenia biegu. Zdecydowanie

nie był to nasz ostatni taki bieg. Wsiedliśmy do samochodu i polną drogą ruszyliśmy w drogę powrotną. Nie było w tym nic dziwnego, że po takim wysiłku Sebastian bardzo szybko zasnął w samochodzie.

Czekała nas dwugodzinna podróż z małą przerwą na jedzenie, potem do końca dnia odpoczynek, bo rano mieliśmy jechać do szpitala. Wykończeni po całym dniu wróciliśmy do domu i poszliśmy spać.

Następnego dnia po raz kolejny mieliśmy jechać do szpitala, ale mój organizm zdecydowanie dał sygnał, by sobie odpuścić. Byliśmy przemęczeni i niedzielę zrobiliśmy sobie wolną od placówki. Moja żona wzięła tylko telefon i zadzwoniła, by spytać się, jak się czuje nasze dziecko, czy byli neurolodzy, by zmierzyć jej obwód głowy i zadała jeszcze parę pytań. Po kliknięciu czerwonego guzika kończącego rozmowę powiedziała mi, że u małej jest wszystko w porządku. Ulżyło mi na sercu, wiedząc, że wszystko idzie do przodu i nasza córka już niedługo będzie z nami w domu. Do końca dnia nie robiliśmy nic, a Sebastian oglądał bajki, bo nie mieliśmy nawet siły iść się z nim pobawić.

Nastał poniedziałek, a my wskoczyliśmy w naszą ostatnią rutynę. Śniadanie, pociąg, szpital, obiad na mieście, bo człowiek nie miał ani siły, ani chęci, by gotować w domu. Po zjawieniu się u naszej córki mieliśmy chwilę czasu na rozmowę z lekarzami. Rana pooperacyjna Natalii goiła się bardzo wolno. Leżała w szpitalu już miesiąc i nie wyglądało na to, by miała być na dniach wypisana do domu. Mieliśmy cichą nadzieję, że przed naszym wyjazdem na moje biegi z przeszkodami uda nam się ją ze sobą zabrać. Niestety, nie było mowy o wypisie ze szpitala, do tego jej kolanko zaczęło robić się czerwone, ponieważ lekarze nie zmieniali jej za często pozycji podczas naszej nieobecności. Minął kolejny tydzień. Dzień w dzień przyjeżdżaliśmy do naszej małej kruszynki. Prawda była taka, że musieliśmy wszystkiego pilnować, gdyż nie wiedzieliśmy, ile czasu personel poświęca pacjentowi podczas naszej nieobecności. Wracając do domu, będąc wpatrzonym w szybę pociągu, za każdym razem o niej myślałem, jak tak leży tam sama w tym cholernym szpitalu.

Jedna z ulubionych przeszkód Sebastiana, czyli przechodzenie w tunelu

Kiedy w piątkowy poranek znów do niej pojechaliśmy, nie spodziewaliśmy się niczego nowego. Poinformowaliśmy lekarzy po raz kolejny, że również w ten weekend nas nie będzie w szpitalu i czy mogliby się małą zaopiekować. Poprosiliśmy, aby częściej zmieniali jej pozycję, smarowali kolanko i w miarę możliwości ją przytulali, by czuła obecność innych ludzi. Powiedzieli, że tak zrobią i życzyli nam udanego weekendu. Bardzo sceptycznie podchodziłem do tego, co mówili. Niejednokrotnie bywało tak, że coś nam obiecywali, a w rzeczywistości nie robili nic. Pożegnałem Natalkę, dając jej całusa w czółko i powiedziałem jej, że ma być silna przez ten czas, w którym nas nie będzie. Ze łzami w oczach opuściłem szpital, spoglądając na okna umieszczone w szarej ścianie budynku. Za każdym razem wychodząc z placówki, automatycznie robiłem się smutny. Nie chcieliśmy jej tam zostawiać, ale nie mieliśmy innego wyjścia. Ból, jaki mi towarzyszył w tym czasie, był nie do opisania. Nigdy nie przypuszczałem, że człowiek może tak tęsknić za własnym dzieckiem. Skręciliśmy w stronę mostu nad drogą szybkiego ruchu, mijając po raz kolejny tego samego bezdomnego starca i udaliśmy się w stronę peronu. Ból, o którym wyżej wspomniałem, zaczął zanikać, im dalej byłem od szpitala, a kiedy dotarłem już do domu, mijał całkowicie. Po spakowaniu torby z ciuchami na bieg poszliśmy wszyscy spać, bo następnego dnia po pobudce o czwartej kolejny raz czekała nas dwugodzinna podróż samochodem. Cieszyłem się, bo na te biegi przygotowywałem się bardzo długo. To był mój debiut w Spartan Race. Mniej więcej wiedziałem, czego się spodziewać, śledząc wcześniej różnego rodzaju filmiki w Internecie. Byłem też zadowolony z faktu, że spotkam się z przyjaciółmi z klubu. Miałem nadzieję, że choć na chwilę zapomnę o otaczającej mnie rzeczywistości.

Nawet tak wysokie przeszkody nie powstrzymały nas przed ukończeniem biegu

Budzik zadzwonił dokładnie o czwartej rano, a ja ledwo zwlokłem się z łóżka. Przemęczenie nie dało o sobie zapomnieć i tego ranka, zamiast delektować się moją ulubioną sypaną kawą, wypiłem napój energetyczny, a drugi wziąłem na drogę. Spakowaliśmy torby do auta i wyruszyliśmy w trasę.

Kiedy prowadziłem samochód, wciąż nie mogłem przestać myśleć o naszej córeczce. Po drodze zjechaliśmy na chwilę z autostrady, aby Ewa z Sebastianem mogli zjeść śniadanie, podczas gdy ja musiałem zadowolić się batonikiem energetycznym. Żadne ciężkie jedzenie nie wchodziło w grę, czekał mnie ponad trzynastu kilometrowy bieg. Na burgera mogłem sobie pozwolić dopiero w drodze powrotnej. Dojechaliśmy na miejsce, a Sebastian już chciał wyjść z samochodu, zanim zdążyłem zaparkować. Kiedy zobaczył, gdzie dojechaliśmy, był bardzo uśmiechnięty, niestety, zaczął płakać, kiedy powiedziałem mu, że to tata będzie biegać, nie on. Był strasznie zawiedziony, ale wiek minimalny na Spartan Race to były cztery lata. Poszedłem się zarejestrować i spotkać z przyjaciółmi. Wszyscy mieliśmy start w tej samej fali, po godzinie dziesiątej. Z opowiadań przed biegiem mniej więcej wiedzieliśmy, jakiej trasy się spodziewać. Ponoć miało być bardzo dużo wzniesień. Zanim zacząłem rozgrzewkę, ustawiłem się obok linii startu i obserwowałem, jak swój bieg zaczynali zawodnicy w fali Elite.

Tata z synem po przekroczeniu linii mety

Zawsze obserwując lepszych od siebie, nabieram większej inspiracji. Kiedy już ruszyła fala mężczyzn oraz kobiet wróciłem w miejsce, gdzie byli już praktycznie wszyscy z mojej fali. Zbliżała się godzina dziesiąta, a w moim umyśle był tylko jeden cel, ukończyć bieg. Wszyscy weszliśmy w pole przed linią startu, z głośników zaczęła lecieć głośna muzyka i na sygnał wszyscy ruszyliśmy przed siebie. Przebiegłem jakieś pięć kilometrów, po czym w moim umyśle zaczęły pojawiać się znowu pytania związane z Natalią. Miałem taką cichą nadzieję, że będąc na takiej imprezie sportowej, chociaż na chwilę o wszystkim zapomnę. Nie dało rady. Nieważne, jak bym się starał, nie dało się zapomnieć. Bieg ukończyłem w niecałe trzy godziny, nie był to dla mnie rewelacyjny wynik, ale nigdy wcześniej nie biegałem po takiej ilości wzniesień, a satysfakcja z ukończonego i tak już bardzo motywuje do dalszego działania. Pożegnałem się ze wszystkimi i udaliśmy się w drogę powrotną do domu. Następnego dnia w tym samym miejscu czekał mnie kolejny bieg, ale już na krótszym dystansie. Po drodze nieco zgłodnieliśmy, więc zjechaliśmy z autostrady, by móc coś na szybko zjeść. W międzyczasie moja żona zadzwoniła do szpitala spytać się, jak się czuje Natalia. Tutaj nie spodziewaliśmy się niczego niepokojącego. Lekarze znów nam powiedzieli, że wszystko idzie w dobrym kierunku. Główka się zmniejszała, rana się goiła, a zaczerwienione kolanko było smarowane maścią. Spokojnie wróciliśmy do domu, gdzie szybko poszedłem wziąć gorącą kąpiel, by zapobiec zakwasom.

Następnego dnia wstaliśmy o tej samej godzinie co w sobotę i wyruszyliśmy w tę samą trasę, co zwykle, robiąc przystanek w tym samym serwisie. Gorąca kąpiel jednak mi nie pomogła. Za każdym razem ciało po wyścigach mocno dawało mi się we znaki i za każdym razem, gdy wsiadałem lub wysiadałem z auta, musiałem się czegoś trzymać. Gorąca kąpiel poprzedniego dnia jednak niewiele mi pomogła.

Przed kolejną przeszkodą

Dojechaliśmy na miejsce i znów miałem przyjemność spotkać się z częścią przyjaciół, z którą widziałem się dnia poprzedniego. Przygotowując się do rozgrzewki, wiedziałem, że mimo krótszego dystansu ten bieg będzie trudniejszy. Na szczęście, mimo ograniczonych możliwości poruszania kończynami udało mi się go ukończyć. Po wszystkim siedziałem na trawie jakieś dziesięć minut i nie miałem siły wstać. Byłem strasznie przemęczony. Dwa biegi podczas jednego weekendu były dla mnie czymś nowym, ale nadszedł czas, by powrócić do codzienności. Zanim wyruszyłem do domu, Ewa zadzwoniła do szpitala. Usłyszała dokładnie to samo, co poprzedniego dnia. Po powrocie do domu, kiedy już wszyscy poszli spać, ja wieszałem na ścianę moje medale, na które tak ciężko pracowałem. Jeden z niebieskimi elementami, a drugi z czerwonymi.

Miłe zaskoczenie

*Ale chociaż brzmi to strasznie ckliwie, może dobre dni sprawią,
że warto będzie przechodzić przez te złe.*

Jasmine Warga

W poniedziałek piętnastego lipca o siódmej rano zadzwonił budzik. Z początku nie wiedziałem, co się dzieje. Zostałem wyrwany ze snu, ale już po chwili dotarło do mnie, że po prostu nastał kolejny dzień. Kiedy próbowałem wstać z łóżka, by wyłączyć alarm, moje ciało odmówiło posłuszeństwa. Tak wielkich zakwasów to jeszcze nigdy nie miałem. W końcu udało mi się wykonać zaplanowaną czynność, na szczęście nikogo nie obudziłem i zszedłem na dół zaparzyć moją ulubioną, sypaną kawę. Schodząc po schodach, musiałem trzymać się barierki i pokonywać po jednym schodku. Wyglądało to bardzo śmiesznie, ale to znaczy, że przez weekend miałem niezły wycisk. Przechodząc z salonu do kuchni pierwsze, co zrobiłem, to spojrzałem na wiszące na ścianie medale. Uśmiechnąłem się szeroko. Popijając kawę, przygotowałem dla wszystkich jajka sadzone z boczkiem i ze szczypiorkiem. Śniadanie musiało być syte, bo znów cały dzień mieliśmy spędzić poza domem.

Kiedy ledwo wsiadłem do auta, by zjechać na dworzec kolejowy, wiedziałem, że podróż od peronu do szpitala zejdzie nam nieco dłużej niż zawsze. Stawiałem małe kroki, a największym wyzwaniem było przejście mostu nad drogą szybkiego ruchu zaraz przed szpitalem. Całe szczęście w budynku była winda, o schodach nawet nie chciałem myśleć. Wchodząc do sali, od razu zauważyliśmy, że naszej córki nie było w łóżeczku, w którym wcześniej leżała. Zanim jednak zdążyliśmy się spytać, gdzie ona jest, lekarze pokazali nam pomieszczenie za zamkniętymi drzwiami, do którego przenieśli nasze dziecko. Do pokoju weszła z nami Pani, która akurat w tym dniu zajmowała się Natalią.

Wyjaśniła nam, że przyczyną jej przeniesienia jest panująca w szpitalu kwarantanna i inne dzieci z sali również zostały umieszczone w podobnych pokojach, by uniknąć ryzyka zarażenia. Po przekazaniu informacji powiedziała, że musi wyjść na około piętnaście minut, ale jak już wykona swoje obowiązki, przyjdzie do nas z powrotem. Natalia spała. Była położona bokiem, a my cieszyliśmy się, że mogliśmy ją znowu zobaczyć. Nie było nas raptem dwa dni, a stęskniliśmy się za nią strasznie. Sebastian podszedł, aby przywitać się z siostrą, wkładając swoją rączkę przez szczebelki. Natalia złapała mocno jego palec i nie chciała puścić. Rodzeństwo razem to zawsze piękny widok, tamtym razem nie było więc inaczej. Ewa usiadła, by odciągnąć mleko, a ja wyciągnąłem swój telefon, by zrobić dzieciom kilka zdjęć.

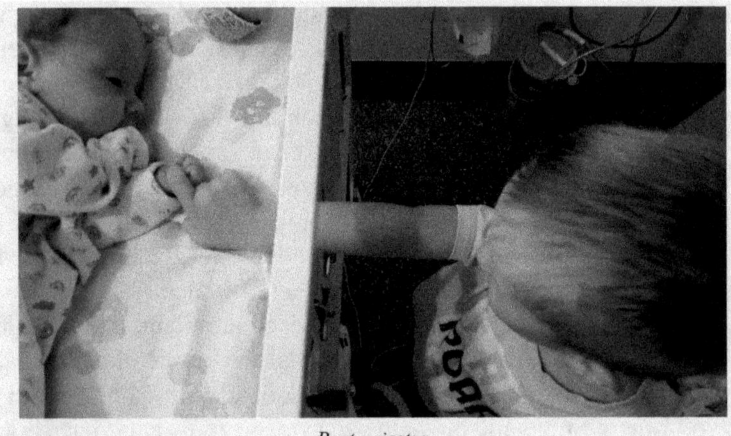

Brat z siostrą

Kiedy nasz syn zaczął marudzić, po raz kolejny włączyliśmy mu bajki. Potrafił to wykorzystać, oglądając te kreskówki, których zwykle nie pozwalaliśmy mu włączać w domu. Nie mieliśmy czasu, by co pięć minut zaglądać w telefon i patrzeć, co on tam ogląda. Owszem, na samym początku to kontrolowaliśmy, ale z biegiem czasu przestaliśmy. Patrzyliśmy na Natalkę i zastanawiało nas, kiedy będą chcieli odłączyć jej cewnik. Nie rozumiałem zbytnio, po co w ogóle go podłączali. Byliśmy tak zmęczeni, że w ten dzień odpuściliśmy sobie to pytanie. Chcieliśmy po prostu usiąść i spędzić z nią jak najwięcej czasu. Jeździliśmy tak do niej dzień w dzień i za każdym razem było widać poprawę. Rana na plecach goiła się bardzo ładnie, kolanko nie było już zaczerwienione, ale mały ślad i tak pozostał. Straciliśmy poczucie czasu i nie do końca byliśmy sobie w stanie uświadomić, ile to wszystko już trwało. Czasami musieliśmy się zastanowić, jaki mamy dzień tygodnia. Sebastianowi niedługo kończyły się wakacje i bardzo chcieliśmy, aby Natalia została wypisana przed tym czasem do domu. Pewnego dnia, podczas kolejnych odwiedzin podszedł do nas lekarz i powiedział, że ma dobre informacje. Mianowicie plastyk wypisał dziecko spod swojej opieki, twierdząc, że rana się zagoiła i nie widzi dalszej konieczności jej obserwowania. Kolejną dobrą informacją, jaką przekazała nam Pani doktor, było to, iż cewnik został zdjęty i będą teraz skupiać się na ważeniu pieluch, by sprawdzić, czy są ciężkie. Jednak najważniejszą informacją było to, że będą ją chcieli wypisać do domu w ciągu dwóch tygodni, a jak dobrze pójdzie, to i w przeciągu jednego. Cieszyliśmy się niezmiernie. Na takie informacje czekaliśmy bardzo długo. W końcu nasza córka będzie z nami i skończą się te uciążliwe dojazdy do szpitala. Po powrocie do domu poinformowaliśmy najbliższą rodzinę o sytuacji. Wszyscy się cieszyli, że to już naprawdę koniec, że wszystko wróci do normy.

Siedząc wieczorem przy lampce wina, z niecierpliwością czekaliśmy, aż nadejdzie kolejny dzień i pojedziemy do naszej Natalii. Wznieśliśmy toast za dobre wiadomości podczas oglądania jednego z naszych ulubionych seriali.

Początek Kolejnego dnia był, mimo rutyny ostatnich tygodni, zupełnie inny od poprzednich. Uśmiechy nie schodziły nam z twarzy, a humory sprawiały, że wręcz unosiliśmy się nad ziemią. Byliśmy tak radośni, że zanim poszliśmy do szpitala, wstąpiliśmy zjeść nasze ulubione tajskie danie, a następnie do galerii handlowej na małe zakupy. Wszystko powoli zaczęło się układać, najchętniej już tego dnia wzięlibyśmy ją do domu.

Drogę do szpitala znaliśmy już na pamięć i za każdym razem, gdy dopisywała nam pogoda, wybieraliśmy spacer. Tamtym razem bezchmurne niebo i upał dopisywały nam przez cały dzień. Będąc już w szpitalu, mieliśmy szansę się trochę ochłodzić, ale tylko na głównym korytarzu. Kiedy weszliśmy do sali, znów poczuliśmy ciepło, ale na szczęście nie takie, jak na zewnątrz. Poszliśmy od razu do Natalii i czekaliśmy na lekarza, który w danym dniu zajmował się właśnie nią. Spojrzeliśmy na ogromny, biały kawałek papieru, który był przyczepiony przed jej łóżeczkiem. Były na nim wypisane wszystkie informacje dotyczące jej choroby oraz wszystkie jej postępy. Nas najbardziej interesowało, czy główka się zmniejsza oraz jak ciężkie zanotowali pieluchy. We wpisie były informacje co do główki, że wszystko idzie tak, jak powinno, ale nie było napisane nic na temat pieluch. Musieliśmy więc poczekać na informację z nadzieją, że będą pozytywne. Po mniej więcej piętnastu minutach przyszła Pani sprawująca nad nią dyżur i powiedziała nam, że pieluchy robi ciężkie. To bardzo dobry znak. Wynika z niego, że dziecko opróżnia pęcherz moczowy, a przy rozszczepie kręgosłupa w odcinku lędźwiowo-krzyżowym bardzo często coś zalega i dzieci muszą być cewnikowane. Naprawdę miłe zaskoczenie.

Po chwili do pokoju weszła Pani w fartuchu, który kolorem różnił się od innych pielęgniarek. Był fioletowy i nie mieliśmy pojęcia dlaczego. Nikt wcześniej nie poinformował nas o takiej wizycie i nie wiedzieliśmy, czego mamy się spodziewać. Nieznajoma przedstawiła się, że jest specjalistą od dróg moczowych i przyszła, by nas nauczyć, jak cewnikować Natalię. Nie byliśmy zbytnio zadowoleni z tej informacji. W porównaniu z tym, co już przeszła nasza córka, to był pryszcz, ale mimo wszystko też kolejna nieprzyjemna kwestia. W ten dzień powiedziała nam tylko teorię i raz pokazała, jak wygląda proces. Z torby wyciągnęła tubkę, z której po otwarciu wyszedł nawilżony, gumowy, mały patyczek. To był rodzaj cewnika, którego mieliśmy używać. Wytłumaczyła nam również, ile razy dziennie powinniśmy to robić. Wszystko zależało od tego, ile moczu wypłynie. Jeśli nic, to raz dziennie, jeśli powyżej dziesięciu mililitrów, dwa razy dziennie, jeśli powyżej dwudziestu, trzy razy dziennie i tak dalej. Pożegnała się, pytając, czy będziemy w szpitalu za trzy dni. Obiecała, że wtedy wytłumaczy nam wszystko jeszcze raz, bardziej szczegółowo. Potwierdziliśmy naszą obecność, po czym powróciliśmy do cieszenia się dalszą częścią dnia.

Nieoczekiwany obrót spraw

Odkryłem, że odwaga to nie brak strachu, ale pokonanie go. Odważny człowiek to nie ten, kto nie czuje lęku, ale ten, kto przezwyciężył ten strach.

Nelson Mandela

Minął już tydzień, odkąd poinformowali nas, że istnieje możliwość wcześniejszego wypisania dziecka ze szpitala. Jak widać, po tygodniu się nie udało, być może ze względu na trening cewnikowania, który mieliśmy. Tamtego dnia przychodząc do Natalii, spytaliśmy się lekarzy, ile to jeszcze potrwa. Kończyły nam się bilety tygodniowe na pociąg i mieliśmy cichą nadzieję, że nie będziemy musieli kupować następnych, bo ceny, jakie były na kursie South Elmsall do Leeds zwalały z nóg. Nie dość, że linia kolejowa brała takie pieniądze za bilety, to jeszcze nie było tygodnia, w którym pociąg nie byłby opóźniony bądź odwołany. Niestety, ale jednak w drodze powrotnej musieliśmy nabyć kolejne tygodniówki, a to dlatego, że lekarze chcieli być pewni, że poradzimy sobie z nią w domu. Ponadto okazało się, że była jeszcze badana przez neurologów. Strasznie nas to wtedy zdenerwowało. Najpierw mówili jedno, później okazywało się całkiem co innego, a pielęgniarki poinformowały nas, że to nie one decydują o wypisie pacjenta, tylko lekarze. Znów spędziliśmy w szpitalu kilka godzin. Codzienne dojazdy mocno nadwyrężyły nasz budżet i w końcu musieliśmy sięgnąć po oszczędności. Dodatkowo każdego dnia przyjeżdżaliśmy do domu zmęczeni, nie mając czasu ani siły na zabawę z Sebastianem, a było po nim widać, że tego potrzebował. Wynagradzaliśmy mu to, kupując od czasu do czasu jakieś autko bądź zestaw lego. Mieliśmy świadomość, że to tymczasowe rozwiązanie szło w złym kierunku, żadne zabawki nie zastąpią bowiem dziecku rodzica.

Przez kolejne dni nic się nie zmieniało, każdy dzień wyglądał tak samo, ale tylko do czasu. Któregoś dnia, gdy przyjechaliśmy do Natalii, moja żona zaobserwowała, że dziecko delikatnie świszczy przez sen. Poprosiła pielęgniarkę, by przyszedł lekarz, ponieważ chciała to przedyskutować. Zaczęła się tym mocno niepokoić, ale kiedy przyszedł lekarz, powiedział, że badanie nie jest konieczne. Wytłumaczył nam, że niektóre niemowlęta tak mają i po jakimś czasie ten charakterystyczny świst sam zacznie ustępować. Przyjęliśmy do wiadomości tę informację, jednak znając moją żonę i jej charakter wiedziałem, że będzie o tym cały czas myśleć. Nie miałem jej tego za złe, ponieważ zawsze starałem się ją zrozumieć. Poza wszystkim zawsze też starałem się ją wspierać i pocieszać, kiedy tylko był ku temu jakiś powód. Za każdym razem, kiedy dochodziło do jakiejś niepokojącej sytuacji, niekoniecznie związanej z dzieckiem, wszystko wyglądało podobnie. Całą drogę powrotną, przy kolacji oraz przed snem wysłuchiwałem, jak mówiła w kółko o tym samym, że nie podoba jej się to, jak Natalia oddycha, że ten dźwięk ją niepokoi. Starałem się jej przetłumaczyć, że nie jesteśmy specjalistami i powinna posłuchać tego, co powiedział lekarz. Najwidoczniej Natalia potrzebowała jednak trochę więcej czasu. Nic nie pomagało. Po raz kolejny moje argumenty zostały zepchnięte na dalszy plan. Stwierdziłem, że szkoda na to moich nerwów, więc postanowiłem już więcej o tym nie wspominać tylko odczekać czas, o którym wspomniał lekarz. Kolejny poranek nie różnił się niczym innym od poprzednich poza wyrazem twarzy mojej żony. Nie poruszałem wczorajszego tematu, po prostu chciałem jak najszybciej znaleźć się w szpitalu przy Natalce. Owszem, przyjechaliśmy dość szybko, ponieważ wyszliśmy na pociąg godzinę wcześniej, ale moja radość zniknęła z twarzy, gdy potwierdziły się obawy mojej żony. Dziecko zostało podłączone pod tlen. Dziwne świszczenie stało się intensywniejsze i Natalka oddychała coraz ciężej. Sprawy zaczęły iść w złym kierunku. Zaczęły występować komplikacje, o których nie miało być mowy. Pielęgniarki, które zajmowały się Natalią przez ostatnią dobę, powiedziały nam, że mała jest teraz pod obserwacją lekarzy, którzy przychodzą do niej z innego oddziału. Personel doczepił jej kolejne trzy kolorowe kabelki mierzące różne funkcje organizmu. Było to strasznie kłopotliwe, ilekroć chciałem wziąć dziecko na ręce, musiałem uważać, by nie zerwać żadnego z nich. Parę razy niechcący jakiś zahaczyłem i kabelek po prostu się odczepił, po czym na monitorze od razu włączał się dość głośny alarm.

Natalia była pod obserwacją lekarzy przez około tydzień. Jej oddychanie znacznie się poprawiło, więc postanowili odłączyć dodatkowy tlen. Mała była w stanie oddychać samodzielnie, aczkolwiek dźwięk przypominający pianie koguta nie zniknął. Zlecone zostały dodatkowe badania oraz prześwietlenia klatki piersiowej i szyi. Całe szczęście w jej przypadku nie musieliśmy długo czekać. Wszyscy zdawali sobie sprawę, że sprawa jest bardzo poważna. Wyniki były jednoznaczne. W gardle została znaleziona dodatkowa narośl, którą trzeba było usunąć. Po tym zabiegu oddychanie dziecka oraz głos powinny wrócić do normy. Ręce nam opadły, gdy usłyszeliśmy diagnozę. Natalka miała przejść trzecią operację, chociaż oni powiedzieli, że to będzie tylko zabieg przy znieczuleniu ogólnym. Podpisaliśmy papiery, tym samym wyrażając zgodę na zabieg. Zostaliśmy również poinformowani o fakcie, że dziecku zostaną wprowadzone sondy do nosa, przez które będzie karmiona. Po tej operacji przez pewien czas Natalia miała nie być w stanie jeść. Ewa została poproszona o dalsze odciąganie mleka do butelek i pozostawienia ich w szpitalu. Najważniejsze, że pokarm matki był cały czas dostarczany do malutkiego organizmu. Zabieg został zaplanowany za dwa dni od wykrycia problemu. Widziałem po mojej żonie, że była załamana. Starałem się ją pocieszyć, że po tym będzie z nią już wszystko dobrze i niedługo zabierzemy ją do domu. Bez skutku. Po raz kolejny żadne argumenty do niej nie docierały.

Nastał dzień operacji. Natalię wzięli z samego rana i nie byli w stanie stwierdzić, o której godzinie zostanie przywieziona z powrotem na salę. Wszystko trwało parę godzin. Po południu przywieźli dziecko z informacją, że zabieg przeszedł pomyślnie. W międzyczasie córka została wybudzona i powoli dochodziła do siebie. Ulżyło mi, gdy usłyszałem te słowa. Postanowiliśmy dać małej odpocząć i przyjechać kolejnego dnia. Byliśmy wykończeni, nie myśleliśmy już o niczym innym, jak tylko o tym, by położyć się spać. Nasz synek był z nami codziennie i jego zmęczenie też już było widoczne. Nie rozumiał, co dzieje się z jego siostrą i często zwyczajnie się nudził. W każdej wolnej chwili staraliśmy się bawić z nim lub rozmawiać, ale w tamtym czasie mieliśmy na takie rzeczy naprawdę niewiele siły. Tamten czas był na tyle chaotyczny, że organizacja czasu dla Sebastiana nas przerosła i znacząco na tym wszystkim ucierpiał.

Nazajutrz przyjechaliśmy do małej z samego rana z myślą, że będzie już z nią wszystko dobrze. Niestety, dziwny świst nie zniknął, do tego znów zobaczyliśmy przy niej aparaturę z tlenem. Nie mieliśmy pojęcia, co się stało, czemu dziecko znowu jest pod tlenem, czemu ten dziwny świst nie zniknął? Tym razem lekarze nie byli nam w stanie odpowiedzieć na te pytania, ponieważ sami nie wiedzieli, co się dzieje. Myśleli, że po zabiegu wszystko wróci do normy, ale ta narośl w gardle okazała się nie być przyczyną dziwnego głosu podczas oddychania. Spytaliśmy więc, czy ten zabieg był konieczny? W odpowiedzi usłyszeliśmy, że był, ponieważ ta część w jakimś stopniu przeszkadzała i dodatkowa tkanka musiała zostać usunięta. Co się stało, to się nie odstanie. Trzeba było się skupić na Natalii, ponieważ jej sytuacja drastycznie się zmieniła. Dostrzec można było, że klatka piersiowa zapadała się głęboko, kiedy dziecko było niespokojne. Nigdy wcześniej nie widzieliśmy takiego zjawiska. Kolejne badania następowały jedno po drugim. USG głowy, gardła i inne. Zaczęła się walka z czasem.

Intensywna terapia

Nie możemy zmienić kierunku wiatru, ale możemy inaczej postawić żagle.

Andreas Pflüger

Trzymając małą na rękach, patrzyłem jej głęboko w oczy. Gdy widziałem cierpienie mojej malutkiej dziewczynki, łzy pojawiały się samoistnie. Byłem bezradny, a słone krople co chwilę kapały na Natalię. Do malutkiego ciała podłączonych było parę kolorowych kabelków, dwie rurki do karmienia włożone w nos oraz tlen. Przez ilość tych urządzeń człowiek czasami miał problemy, by ją trzymać. Kable plątały się, a rurka od tlenu co jakiś czas wychodziła z małego noska mimo plastrów, które ją przytrzymywały. Kiedy Natalia oddychała, cały czas było słychać ten dziwny dźwięk. Kiedy się denerwowała, głos się nasilał, a saturacja spadała, co skutkowało zwiększeniem ilości podawanego tlenu. Przed łóżeczkiem leżała ogromna karta pacjenta, do której co chwilę były wpisywane kolejne dane. Na ich podstawie każdy lekarz specjalista przychodzący do sali mógł zobaczyć, czy stan dziecka się poprawił, pogorszył lub był bez zmian. W przypadku naszej córki pogarszał się z dnia na dzień.

Ze stresem radziłem sobie w sposób naturalny, na szczęście moja psychika była na tyle mocna, że nie musiałem brać żadnych środków uspokajających. Wystarczyła sypana herbata z melisy, po której czułem się znacznie lepiej. Moja żona również nie brała żadnych leków, ale było po niej widać, że z sytuacją radziła sobie znacznie gorzej. Codziennie modliliśmy się do Boga o jej zdrowie. Wierzyliśmy, że wiara czyni cuda i w tej sprawie również nie mogliśmy tracić nadziei. Bóg już nie raz pokazał, jaką ma moc. Słuchaliśmy wywiadów i historii osób, których dzieci nagle wyzdrowiały, bez żadnego naukowego uzasadnienia. Wiara pozwalała nam iść dalej, mimo że życie codziennie rzucało nam kłody pod nogi.

Stan dziecka pogarszał się, tlen został zwiększony, a lekarze wciąż szukali sposobu, by jej pomóc.

Pewnego dnia, gdy czekając na pociąg, siedziałem na czerwonej ławce, z której odchodziła już w niektórych miejscach farba, zadzwonił telefon. Okazało się, że stan dziecka na tyle się pogorszył, że lekarze podjęli decyzję o przeniesieniu dziewczynki na intensywną terapię. To był kolejny cios prosto w serce, ale byliśmy zdeterminowani, by dalej walczyć. Gdy przyjechaliśmy do szpitala, szybko wskazali nam salę, do której przenieśli dziecko. Nie wiedzieliśmy, czego się mamy spodziewać. Tym razem widzieliśmy więcej monitorów, kabli, a co gorsza, każde łóżeczko było zajęte. Gdy widziałem smutne oczy rodziców z poprzedniej sali, czułem się bardzo źle. To jednak, czego doświadczyłam w nowej sali Natalki, całkowicie mnie przytłoczyło. Większość rodziców cały czas płakała, trzymając swoje pociechy, bądź pochylając się nad ich łóżeczkami. Istny koszmar. Znaleźliśmy się w miejscu, które przypominało piekło na ziemi. Lekarze wskazali nam łóżeczko małej, dodatkowe monitory oraz jeszcze więcej kabli podłączonych do malutkiego ciałka.

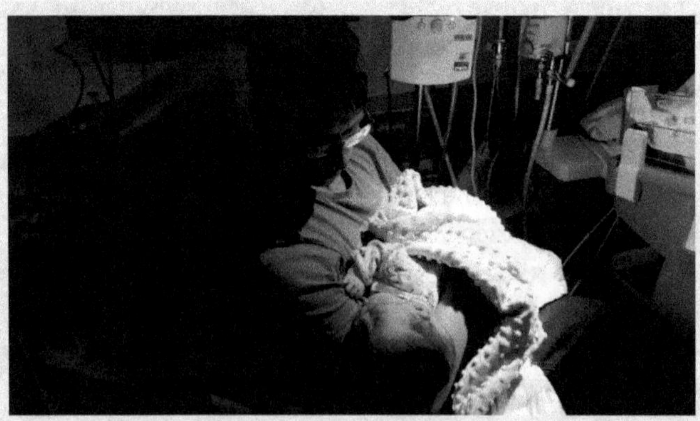

Zdjęcie z intensywnej terapii zrobione w pierwszym dniu
od przeniesienia Natalii z sali pooperacyjnej

To i dużo cięższy oddech naszej kruszynki zwaliło nas z nóg. Po konsultacji dowiedzieliśmy się, że jutro zostanie wykonane kolejne USG głowy dziecka. Badanie musiało się odbyć pod znieczuleniem ogólnym, by zdjęcia wyszły jak najdokładniej. Z początku myśleliśmy, by zostać ten jeden dzień w szpitalu, ale szybko dotarło do nas, że nie będzie to dobry pomysł ze względu na Sebastiana. Po dwóch godzinach koszmaru udaliśmy się więc do domu, cali spoceni i zmarnowani.

Byliśmy już tak wykończeni tym wszystkim, że dnia siedemnastego sierpnia przyleciała do nas moja mama, by pomóc nam trochę przy Sebastianie. Najpierw prosto z lotniska Leeds Bradford pojechaliśmy do szpitala odwiedzić córkę, a następnie wstąpiliśmy do wesołego miasteczka, które rozstawiło się w centrum parę dni wcześniej. Nasz syn poszedł z babcią na atrakcje, a ja wraz z moją żoną usiedliśmy na ławce, by trochę odsapnąć. Minęła niecała godzina, a w planach mieliśmy jeszcze jeden przystanek. Ogromny kielich lodów serwowany w samym centrum. Fakt, trzeba było za niego trochę zapłacić, ale naprawdę było warto. Taka dawka wyjątkowej słodyczy poprawiła nam wszystkim humor, jednak ja czułem się, jakbym właśnie przywdział maskę, na której widnieje uśmiech, a pod którą skrywa się smutny wyraz twarzy. Kiedy zamknąłem na chwilę oczy, by odpocząć po słodkim deserze, w mojej wyobraźni cały czas ukazywały się maszyny podpięte pod Natalię. I ciągle zmieniające się na ekranach cyfry. Starałem się o tym nie myśleć, lecz nie widziałem jak to zrobić.

Wizyta mojej mamy trwała zaledwie kilka dni. Jednak to wystarczyło. Wszystkim udało się odpocząć od przytłaczającej codzienności i wreszcie nasze dziecko również było uśmiechnięte. Wiadomo, poświęcaliśmy mu czas, ale było nam łatwiej z pomocą. Żegnając się z mamą na przystanku autobusowym, usłyszeliśmy, że mamy się nie martwić, że wszystko będzie dobrze, tylko trzeba głęboko w to wierzyć. Pozytywne myślenie przyciąga pozytywne fluidy i bardzo dobrze wpływa na nas i całe nasze otoczenie. Nie było to łatwe zadanie, aczkolwiek starałem się myśleć pozytywnie.

Nastał kolejny dzień i Ewa spytała się mnie, o której godzinie chce jechać do córki. Odpowiedziałem, że jak wrócę z biegania. Nie mogłem zapomnieć również o sporcie, w Październiku czekał mnie półmaraton w terenie z przeszkodami, co stanowiło dla mnie dość duże wyzwanie, ponieważ nigdy wcześniej nie pokonywałem takiego dystansu, biegając, a co dopiero dokładając do tego jeszcze jakieś przeszkody. Poza tym uprawianie sportu pozwalało mi trzeźwo myśleć. Nie bez powodu mówi się, że sport to zdrowie. Zdrowie fizyczne, jak i psychiczne pozwalało mi na zachowanie równowagi emocjonalnej. Po skończonym treningu pojechaliśmy do szpitala. Kiedy kolejne USG dobiegło końca, Natalka znów została podłączona do maszyny z tlenem. Spytaliśmy się, ile trzeba będzie czekać na wynik, w odpowiedzi usłyszeliśmy, że jeden dzień. Pozostało nam tylko czekać. Mieliśmy nadzieję, że lekarze znajdą przyczynę nagłego pogorszenia się stanu dziecka i będą mogli wdrożyć odpowiednie leczenie.

Następnego dnia poprosiliśmy o jak najszybsze przekazanie nam wyników wykonanego USG, jednak musieliśmy nieco zaczekać na neurologa. W oczekiwaniu na specjalistę pobyliśmy z małą, tonąc w kolorowych kablach. Szczerze mówiąc, nie wiem, ile czasu upłynęło, zanim się pojawił, ale na pewno nie była to tylko godzina. Starszy lekarz powiedział nam, że Natalia ma pewnego rodzaju zapalenie z tyłu głowy, które może naciskać na nerwy odpowiedzialne za prawidłowe oddychanie. Co gorsza, nie ma na to leku i zapalenie musi zniknąć samoistnie. Zalecił również, by wykonać kolejne USG, tym razem gardła, by znaleźć przyczynę tego dziwnego świstania podczas oddechu. Stan małej wciąż się pogarszał, a lekarze nie mieli dla nas żadnych dobrych informacji. Musieliśmy przez to jakoś przejść, wierzyliśmy bardzo głęboko w to, że zdarzy się cud Boży i dziecko wyzdrowieje. Wiara trzymała nas na nogach mimo tego, iż co chwilę upadaliśmy ze zmęczenia oraz ogromu negatywnych informacji. Mijały kolejne dni, a zapalenie nie ustępowało. Trzymając małą, obserwowałem inne rodziny znajdujące się w tej samej sali. Byli zrozpaczeni, po niektórych było widać, że nie mieli siły już dalej walczyć z własną psychiką.

Wróciliśmy do domu i połączyliśmy się z Ewy mamą na wideorozmowie, by opowiedzieć jej, co się działo. Podczas rozmowy nieoczekiwanie zadzwonił telefon i Ewa musiała odebrać. Okazało się, że dzwonili ze szpitala, by poinformować nas, że Natalka została podłączona pod respirator ze względu na nagłe, ponowne pogorszenie się jej stanu. Połączyliśmy się z powrotem z rodziną i przekazaliśmy informację z ostatniej chwili. Mieliśmy obejrzeć z żoną jakiś film i napić się po lampce wina, ale poszliśmy spać z załzawionymi oczyma.

Nie przespałem dobrze nocy. Spałem może raptem z trzy godziny, cały czas wyobrażając sobie, jak to będzie wyglądać. Nigdy wcześniej nie widziałem dziecka podłączonego pod respirator i nawet nie umiałem sobie tego wyobrazić. Owszem, mogłem wejść w internet i sprawdzić, ale nie chciałem tego robić.

Przekraczając próg drzwi do sali, w której znajdowało się nasze dziecko, ujrzałem około siedmiu lekarzy w różnokolorowych fartuchach, robiących coś przy łóżeczku Natalii. Jedna osoba zapisywała coś w ogromnej karcie, inna wciskała różne przyciski w maszynie, a kolejni konsultowali coś między sobą. Wszyscy przywitali się z nami, wyciskając na swych ustach sztuczne uśmiechy, po czym każdy poszedł w swoją stronę. Wszyscy prócz jednego, wysokiego, czarnoskórego mężczyzny w okularach z plakietką „konsultant". Przedstawił nam sytuację oraz powód, dla którego nasz córka została podłączona pod respirator. Poprzedniego dnia odczyty z maszyn podłączonych do Natalki były bardzo niepokojące, dlatego lekarze byli zmuszeni podjąć takie działanie. Byli również zobowiązani do wykonania telefonu, jeśli rodzice na dany moment nie przebywali w szpitalu, aby poinformować ich o całym zdarzeniu.

Byliśmy w stanie zrozumieć procedurę, ale nie to, dlaczego wszystko runęło w przeciągu dwudziestu czterech godzin. Spytaliśmy się więc konsultanta, jakie mają zamiar podjąć kolejne kroki. Odpowiedź była szybka, mianowicie chcą ją zostawić przez parę dni pod maszyną, następnie odłączyć respirator i zobaczyć, jak dziecko będzie reagować. W międzyczasie poinformował nas o tym, że zostanie zorganizowana konsultacja, która jest niezbędna w takich przypadkach.

Mijały dni, a stan Natalki w ogóle się nie poprawiał. Respirator był jej niezbędny. Ilekroć lekarze próbowali wyjąć małej to ustrojstwo z ust, dziecko nie było w stanie samodzielnie oddychać. Jej klatka piersiowa po odłączeniu maszyn zapadała się strasznie głęboko i widać było wyraźnie, że mała dziewczynka sobie nie radzi. Nie było dnia, by na sali intensywnej terapii było jakieś wolne miejsce. Kątem oka dostrzegłem nawet rodzinę, która obwiesiła łóżeczko swojego dziecka wywołanymi zdjęciami zrobionymi w szpitalu. Mogłem z tego wnioskować, że musiało tam już przebywać od dłuższego czasu. To wszystko coraz bardziej mnie przytłaczało. Co chwilę widziałem lekarzy biegających od łóżeczka do łóżeczka. Czasami nawet w ciągu pięciu minut zabierali dzieci na jakieś pilne operacje. Niektóre nie wracały.

Jeśli ktoś zapytałby się mnie, czy byłem kiedyś w piekle, mogę śmiało odpowiedzieć, że tak. Takie miejsce zdecydowanie można było do tego porównać.

Nic nie wskazywało na to, aby nasza córeczka miała opuścić ten oddział. Pozostało nam się tylko modlić o nią oraz o wszystkie dzieci na tej paskudnej sali.

Prowizoryczny chrzest

Jeszcze będzie pięknie, mimo wszystko. Tylko załóż wygodne buty,
bo masz do przejścia całe życie.

Jan Paweł II

Słońce zaszło, pozostawiając za sobą piękne, pokryte uspokajającymi kolorami niebo, a my porozmawialiśmy w tym czasie z bliskimi. Nasze dziecko było w tragicznym stanie. Nikt nie wiedział, czego mamy się spodziewać i jak to wszystko się zakończy. Przez myśl nam nie przeszło, że może dojść do takiej sytuacji, iż mała nie da rady i odejdzie do Królestwa Niebieskiego. Słuchaliśmy różnych wykładów księży, ale tylko jeden, autorstwa św. pamięci księdza Kaczkowskiego pokazał nam, że nie na wszystko możemy mieć wpływ. Opowiadał w nim o tym, by w sytuacjach beznadziejnych dać osobie po prostu odejść. Nieważne, czy było to dziecko, nastolatek czy osoba starsza. Mówił również o tym, że rodziny trzymają przy życiu osoby za wszelką cenę, nie zdając sobie sprawy z ich cierpienia. Mimo tego wykładu cały czas nie dopuszczaliśmy do siebie myśli, że nas również może spotkać podobna sytuacja.

Nastał moment kulminacyjny i wraz z moją żoną nie potrafiliśmy pohamować łez. Ona płakała, siedząc przy kuchennym stole, a ja pochylony nad blatem między kuchenką a lodówką. Trzymałem się za głowę i nie mogłem pozbierać własnych myśli. Do tego w tle leciała dość głośno piosenka Simon And Garfunkel „The Sound of Silence", która skutecznie wyciskała ze mnie jeszcze więcej łez. W stanie totalnego wykończenia poszliśmy spać, ale muszę przyznać, że wypłakanie się pozwoliło nam odetchnąć. Wyrzuciliśmy z siebie dosłownie wszystkie emocje, które zbierały się niczym kula śnieżna.

Kolejny dzień minął tak samo, jak poprzednie z tą tylko różnicą, że nie mogliśmy małej wyjąć z łóżeczka ze względu na chodzącą non stop maszynę. Mogliśmy tylko stać nad jej łóżeczkiem, modlić się i nic więcej. Niedługo czekała nas pierwsza konsultacja.

Patrząc na cierpienie małej, zdaliśmy sobie sprawę, że zupełnie zapomnieliśmy o bardzo ważnej kwestii. Wtedy podjęliśmy wspólnie decyzję, że ochrzcimy Natalię w szpitalu. My, jako rodzice, ponieważ ksiądz mógłby nie dotrzeć do szpitala na czas. Z początku nie wiedzieliśmy, czy tak można, ale ze względu na sytuację i zielone światło od lekarzy postanowiliśmy to zrobić. Już w momencie tamtej prostej ceremonii czuliśmy, że robimy wszystko tak, jak trzeba. Zostaliśmy poinstruowani, jak wykonać taki rytuał. Mieliśmy do malutkiego naczynia nalać trochę wody z kranu, stanąć przy małej i odmówić modlitwę, jednocześnie skraplając ją wodą, mieliśmy również dodać, że robimy to jako rodzice i by Bóg wysłuchał naszej modlitwy. Z początku nie wiedziałem, jak do tego podejść. Wokoło było mnóstwo ludzi, a my mieliśmy stanąć nad dzieckiem i odprawić modlitwę z wodą z kranu. Weszliśmy do sali, Sebastianowi ponownie włączyliśmy bajki na telefonie, a Ewa bez zastanowienia poprosiła o plastikowy kubeczek i poszła nalać wody. Poprosiła lekarzy, by przez chwilę nam nie przeszkadzali, ponieważ musimy się pomodlić. Wysłuchali naszej prośby i odsunęli się od łóżka. Modlitwa musiała iść prosto z serca. Ja stanąłem po jednej stronie łóżeczka, a Ewa po drugiej. Wymówiliśmy na głos modlitwę, jednocześnie skraplając wodą główkę Natalii. Mieliśmy kompletnie gdzieś, czy ktoś w danym momencie na nas patrzy. Prócz wody kapały na dziecko również nasze łzy. Łzy miłości, bo inaczej nie dało się ich nazwać. Słone krople leciały jedna za drugą, a dziecko, mimo ciężkiego stanu, przez całą uroczystość patrzyło w oczy raz mi, a raz swojej mamie. Czułem moc modlitwy, którą właśnie odprawiliśmy. Powiedziałem mojej córce, że już dwa razy się z nią żegnałem i trzeci raz nie będę, ma żyć, a zapalenie z tyłu głowy ma zniknąć! Mówiłem wtedy: precz szatanie z ciała mojej córki! Wynoś się i nigdy nie wracaj! Precz! Nie chcemy cię tutaj!

Ulżyło nam na sercu. Jeśli wtedy miałby się spełnić najgorszy scenariusz i dziecko miałoby nie przeżyć, wiedzieliśmy, że trafi do samego Pana Boga. Jak tylko wyszedłem z transu i zacząłem rozglądać się po sali, wszystkie rodziny będące dookoła zaczęły odwracać od nas wzrok. Może nie rozumieli siły wiary i winiły Pana Boga za to, że ich dziecko leży w szpitalu? Nie nam to było oceniać. Chcieliśmy skupić się na naszych dzieciach i wiedziałem, że zrobiliśmy kawał dobrej roboty.

Dziecko było intubowane równy tydzień. Ciemnoskóry konsultant powiedział nam, że spróbują wyjąć rurkę i zobaczyć, jak będzie sobie radziło. Ostrzegł nas również o tym, że istnieje taka możliwość, iż będą musieli ponownie użyć respiratora. Patrzyliśmy na to, jak przebiegała cała operacja wyciągnięcia rurki z małej buźki. Lekarze odłączyli respirator, jednocześnie zwiększając tlen na dość wysoki poziom. Mała Natalia spojrzała mi w oczy i zaczęła płakać. Tak to wyglądało, ponieważ dziecko nie było w stanie wydusić z siebie żadnego dźwięku! Z początku się przestraszyłem, że coś jest nie tak. Poprosiłem pielęgniarkę o to, by osoba w krawacie przyszła tutaj jeszcze raz, bo mam parę pytań. Z początku spytałem się o to, dlaczego dziecko nie mówi. W odpowiedzi usłyszałem, że to jest normalne po intubacji i potrwa parę dni, ale zacznie znowu wydawać z siebie dźwięki. Uspokoiłem się. Nie pozostało nam nic innego, tylko cieszyć się z faktu, że dziewczynka jest już w lepszym stanie i oddycha bez respiratora. Odłączenie maszyny umożliwiło przeprowadzenie badania USG gardła i sprawdzenie, dlaczego dziwny głos nie zniknął. Stan małej poprawił się tylko odrobinę, ale zapadła decyzja, by dalej trzymać ją na intensywnej terapii.

Minęło kilka dni, po czym naszą córkę zabrali piętro niżej na zaplanowane USG. Musieli go zrobić ponownie przy znieczuleniu ogólnym, dzięki czemu wyniki badań mogły być dokładniejsze. Tym razem wiedząc, jak przebiegają procedury lekarskie, nie pytaliśmy się o jak najszybsze uzyskanie wyników. Wiedzieliśmy, że i tak będziemy musieli czekać minimum jeden dzień. Tym razem jednak minęły aż dwa dni, zanim poinformowano nas o wynikach. Jak już wszystko zaczęło się walić, to i tym razem nie obyło się bez złych informacji. Dowiedzieliśmy się, że zapalenie z tyłu głowy może naciskać na nerwy odpowiedzialne za struny głosowe, które przestały pracować. Powinny się otwierać i zamykać a u Natalii stwierdzono, że są cały czas otwarte. Kolejny cios prosto w serce. Zaczęliśmy się zastanawiać, czy jest to dla nas pewnego rodzaju próba, czy damy radę znieść ten cały ból i przejść przez to razem. Co chwila były nam rzucane kłody pod nogi. Pierwsza konsultacja miała odbyć się za dwa dni. Moja żona płakała cały czas, powiedziała, że na osiemdziesiąt procent powiedzą nam o tracheotomii. Jak to ja, po raz kolejny starałem się uspokoić Ewe, tłumacząc jej, że czytała bzdury w Internecie. Nie chciałem przyjąć do wiadomości, iż lekarze mogliby nam zaproponować takie rozwiązanie. Ostatnie dwa dni były bardzo ciężkie, a siedząc wieczorami przy komputerze, sam starałem się znaleźć jak najwięcej wartościowych informacji.

Konsultacja

Całą niepewność skrywaj pod powierzchnią. Na wierzchu musisz wyglądać jak kamień.

Melinda Salisbury

Mijając dział onkologiczny, spostrzegłem chłopca bez włosów na wózku inwalidzkim. Widziałem, jak śledził mnie wzrokiem. Po tym doświadczeniu zaczęło męczyć mnie pytanie, co jest gorsze, intensywna terapia, na której leży nasze dziecko, czy dział onkologiczny? A może jedno i drugie było na tym samym poziomie? Jednego byłem pewien, obydwie sale to istne piekło, w których brakowało tylko demonów dźgających widłami. Konsultacja zaplanowana była na godzinę czternastą, lecz nie jestem pewien. Zresztą, to, o której miała rozpocząć się rozmowa, było najmniej istotne. Ważne było, kto tam będzie i jak ona przebiegnie. Najpierw odwiedziliśmy córkę, obmyliśmy ją nawilżoną chusteczką, przebraliśmy pieluszkę i przytuliliśmy do siebie. Trzymając małą na rękach, byliśmy świadkami tragedii ludzkiej. Z oddzielonego drzwiami pokoju znajdującego się na intensywnej terapii wybiegła zapłakana rodzina, a z nią wyszli lekarze o kamiennych wyrazach twarzy. Okazało się, iż jedno z dzieci nie dało rady. Wszystkie maszyny, których było jeszcze więcej, niż przy Natalii zostały odłączone, a przez małe okienko w drzwiach dostrzec można było płaczącą pielęgniarkę trzymającą martwe niemowlę zawinięte w kocyk. Widok ten pozostanie w mej pamięci do końca życia. Po chwili przyszła konsultant i powiedziała nam, w które miejsce mamy się udać. Przez to przykre doświadczenie przez chwilę zapomniałem o tym, że mamy umówioną konsultację. Weszliśmy w korytarz za recepcją. Naprzeciwko nas znajdowały się zamknięte na klucz, brązowe drzwi, a za nimi docelowa sala, w której byli już prawie wszyscy. Zabrakło jednego lekarza, którego spóźnienie wynikało z pełnionych obowiązków. Weszliśmy do sali i pierwsze co usłyszeliśmy od konsultanta będącego jednym ze zgromadzonych, czy nie chcielibyśmy do picia kawy lub herbaty? Zostały położone na stół również herbatniki posypane cukrem i wszystko wyglądało tak, jakbyśmy właśnie odwiedzili znajomych, których nie widzieliśmy przez dłuższy czas. Jednak było to tylko złudzenie wytworzone w mojej głowie. Po chwili wszyscy się przedstawili i spytali, czy tłumacz ma nam mówić wszystko, czy tylko fragmenty, których nie będziemy w stanie zrozumieć. Wybraliśmy tę drugą opcję z racji na dobrą znajomość języka angielskiego. Poprosiliśmy o tłumacza ze względu na trudny, fachowy język lekarski, którego niektóre zagadnienia mogłyby być dla nas trudne do zrozumienia. Siedzieliśmy na kanapie, a po naszej prawej stronie usiadła blondynka z włosami ściętymi do ramion, zaczynając od pytania, czy wiemy, w jakim celu się tutaj zebraliśmy? Odpowiedzieliśmy, że tak. Przedstawili nam całą historię naszej córki, która opisana była w dobrze już przez nas poznanej, szarej teczce z niebieską gumką. Procedury szpitalne wymagały tego za każdym razem. Kolejnym etapem spotkania było przekazanie nam rokowań i informacji o dalszych, planowanych krokach w drodze do odzyskania pełnej sprawności Natalki. Powiedzieli nam, że dziewczynka nie jest w stanie oddychać bez dodatkowego tlenu i proponują nam kolejną operację. Tracheotomia była dla nich najlepszym rozwiązaniem. Dla nich i dla dziecka, które dzięki niej miało przestać się męczyć. Zanim zdążyłem cokolwiek powiedzieć, spojrzałem na moją żonę zalaną łzami, która przewidziała najgorszy scenariusz. Ku zdziwieniu lekarzy, odmówiliśmy operacji i prosiliśmy o to, by znaleźli inne rozwiązanie, a przede wszystkim, dali dziecku czas. Głęboko wierzyliśmy w to, że zapalenie zniknie samoistnie, tylko potrzeba modlitwy. Tego już lekarzom nie mówiliśmy z racji tego, że nie wiedzieliśmy, jakiego są wyznania i nasze argumenty mogłyby w żaden sposób do nich nie przemówić.

Konsultacja zakończyła się odnotowaniem wszystkiego, co zostało na niej powiedziane. Wróciliśmy do sali i spędziliśmy z córką jeszcze trochę czasu. Mówiliśmy do niej, że ma być silna i się nie poddawać.

Nie wiedzieliśmy, co mamy o tym wszystkim sądzić. Bardzo chcieliśmy, aby nasza córka była z nami, ale z drugiej strony skazywać ją na kolejną operację i to jeszcze z tak poważnymi konsekwencjami nie wchodziło w ogóle w grę. Maluszek zasnął w rękach mojej żony, a po odłożeniu jej do łóżeczka poszliśmy w kierunku wyjścia, znając już drogę na pamięć. Po wyjściu ze szpitala minęliśmy po raz kolejny bezdomnego pana z długą brodą oraz psem siedzących na kawałku dywanu z wystawionym czerwonym kubeczkiem po kawie przed sobą.

Po powrocie do domu nie pozostało nam nic innego jak przekazać informację rodzinie, napić się herbaty z melisy i pójść spać. Sebastian zasnął w foteliku i nie obudził się nawet w momencie, gdy przenosiłem go do łóżeczka. Jutro czekał nas kolejny, wymagający fizycznie, jak i psychicznie dzień, co prawda słoneczny, ale pogoda interesowała nas najmniej.

Czas

Mijały dni, a stan Natalii odrobinę się poprawił. W ciągu tygodnia mieliśmy kolejne konsultacje, których celem było podejść nas psychologicznie, byśmy tylko zgodzili się na tracheotomię. Oczywiście cały czas uparcie staliśmy przy swoim zdaniu, z którego lekarze nie byli zadowoleni. W międzyczasie, podczas modlitwy Ojcze Nasz, którą wymawiałem w duchu nad Natalią, przyszedł konsultant. Tym razem inny, po rysach twarzy wyglądał, jakby pochodził z Indii. To, co powiedział, przerywając mi modlitwę, wyprowadziło mnie z równowagi. Spytał się nas prosto z mostu, czy nie zgodzilibyśmy się na mały zabieg gastrostomii, ponieważ dziewczynka ma refluks i zabieg ułatwiłby jej karmienie. Spojrzeliśmy wraz z żoną na niego, niedowierzając, jak z takim spokojem może on mówić o takich rzeczach. Najprawdopodobniej przeprowadził już setki takich operacji bądź podobnych rozmów i kompletnie nie robiło to na nim wrażenia. Odparliśmy, że absolutnie nie ma o czym mówić. Pan w lekko lokowanych, czarnych włosach odparł tylko, że rozumie, po czym wyszedł z sali. Jakby nam było mało, co chwila pojawiały się kolejne komplikacje. Sam się zdziwiłem, jak dawaliśmy radę znieść to wszystko psychicznie, nie biorąc żadnych tabletek uspokajających.

Kiedy przyjechaliśmy do szpitala dzień później, wchodząc na salę intensywnej terapii, zauważyliśmy z miejsca, że łóżeczko Natalii było puste. Pierwsze, co przyszło nam do głowy, to że mogli ją wziąć na kolejne badania, których przed sobą miała całą masę, ale po zerknięciu w kalendarz okazało się, że tego dnia Natalka nie miała wpisanych żadnych badań. Szybko podeszła do nas pielęgniarka i powiedziała, że stan dziecka się na tyle poprawił, że lekarze stwierdzili, iż dziewczynka może wrócić na salę, w której znajdowała się poprzednio. Po tych słowach zobaczyłem uśmiech na ustach mojej żony, którego nie widziałem od paru ładnych tygodni. Pojawiła się iskierka nadziei, że mała może z tego wyjść i w kocu zabierzemy ją do domu. Doskonale wiedząc, gdzie znajduje się poprzednia sala, od razu poszliśmy w jej kierunku. Różnica była tylko taka, że tym razem maluszek leżał w łóżeczku po prawej stronie zaraz po przekroczeniu głównych, brązowych drzwi z malutkimi, wbudowanymi w nie okienkami. Wszystko zostało nam przekazane. Dziecko wciąż było na wysokim tlenie, a sondy do karmienia wciąż znajdowały się w jej nozdrzach. Dziwny głos nie zniknął, za każdym razem podczas oddychania klatka piersiowa dziecka zapadała się bardzo głęboko, a kiedy Natalia się denerwowała, koniecznie było chwilowe zwiększenie tlenu. Zacząłem rozmawiać z moją żoną, że modlitwa pomaga, nie tylko nasza, ale i również ta, którą odmawiała nasza rodzina oraz znajomi. Bardzo dużo ludzi modliło się o zdrowie dla Natalii, co podtrzymywało nas na duchu. Wiedzieliśmy również, że Natalia czuje naszą obecność. Za każdym razem, kiedy przychodziliśmy do szpitala i słyszała nas głos (jeśli w tym momencie nie spała), od razu robiła duże oczy i zaczynała się rozglądać, skąd te głosy dochodzą.

Pewnego popołudnia zadzwonił do mnie znajomy z pracy i spytał się, czy może przyjechać wraz z rodziną do szpitala odwiedzić Natalię. Bez zastanowienia zgodziliśmy się na tę wizytę, wspominając również o tym, że na oddziale panuje wirus i do sali są wpuszczani tylko rodzice. Powiedzieliśmy również, że postaramy się porozmawiać z lekarzami, ale nie obiecujemy, że będzie możliwość zobaczenia dziecka. Nazajutrz znajomy wraz ze swoją rodziną przyjechali do szpitala, a my wyszliśmy ich przywitać. Był to człowiek, który zrobił dla nas coś wyjątkowego. Mianowicie przygotowywał prezentację o Natalii, którą puścił w kościele, na telebimie przed ogromną ilością osób. Nie wiedzieliśmy o tym wcześniej, a on nie zdradził się z pomysłem, prosząc jedynie o zdjęcie córeczki. Wszystko zostało nagrane, abyśmy później mogli to zobaczyć. Łzy same cisnęły mi się do oczu, gdy widziałem, jak wiele zupełnie obcych nam ludzi modliło się o zdrowie naszej córki. Prócz wstępu, który był po angielsku, cały film był w języku portugalskim. Ci ludzie modlili się głośno i żarliwie, a to wszystko naprawdę bardzo wiele dla nas znaczyło. Podczas patrzenia na ekran telefonu, skąd puszczane było nagranie, odmówiliśmy Ojcze Nasz.

Po przywitaniu się ze znajomymi poszliśmy do kawiarni znajdującej się wewnątrz budynku szpitalnego. Sebastian wraz z ich córką, która była w podobnym wieku, ganiali się po całej sali, zatrzymując się co chwila przy lodówce z lodami i patrząc na znajdujące się w środku różnokolorowe papierki. Rozmawiało nam się bardzo dobrze, ale godziny otwarcia dobiegały końca. Dopiliśmy więc nasze napoje, po czym udaliśmy się przed szpital. Znajdowały się tam wygodne ławki wokół drzew, na których usiedliśmy. Piękna pogoda pozwoliła nam cieszyć się chwilą. Rozmawialiśmy przede wszystkim o naszej wierze oraz o tym, że Bóg uzdrowi naszą córkę i wyjdzie z sytuacji, która ją dotknęła. Dochodziła godzina dziewiętnasta, więc my pożegnaliśmy gości i wróciliśmy jeszcze na chwilę do Natalii, by spędzić z nią ostatnie pół godziny tego dnia.

Siedząc wieczorem w domu, czuliśmy się spokojniejsi. Cieszyliśmy się, że nasza córka ma się choć trochę lepiej. Praktycznie każdego wieczoru rozmawialiśmy z rodziną i opowiadaliśmy, co się danego dnia działo. I tym razem nie zrobiliśmy wobec tego wyjątku. Kiedy minęło jakieś dziesięć minut rozmowy, padła propozycja, aby przekonać lekarzy, czy moglibyśmy wziąć małą na dwór. Dziecko od urodzenia nie było jeszcze w ogóle poza murami szpitala, a minęło już tyle czasu. Świeże powietrze powinno jej pomóc. Chociaż tyle mogliśmy zrobić. Nie pozostało nam nic innego, jak tylko pojechać z samego rana i przedstawić naszą prośbę. Wchodząc na salę, poprosiliśmy pielęgniarkę, która w danym dniu pełniła dyżur nad Natalią o to, by przy asyście lekarza móc wziąć Natalkę na dwór. Z początku powiedziała, że może być to kłopotliwe z racji tego, że jest piątek i nie ma w szpitalu aż tak dużo lekarzy. Jeśli któryś będzie miał chwilę czasu, postarają się zorganizować wyjście na dwór. Na nasze szczęście nie musieliśmy długo czekać i po mniej więcej godzinie poinformowali nas, że lekarz jest już w drodze i zaraz będziemy mogli wyjść na zewnątrz. Do sali został przywieziony wózek dziecięcy, który był na wyposażeniu szpitala. Niezbędna maszyna monitorująca wszystkie cyferki została położona w wolnej przestrzeni w wózku zaraz koło nóżek malutkiej. Z początku myśleliśmy, że Natalię weźmiemy przed szpital w miejsce, w którym siedzieliśmy ostatnio podczas wizyty znajomych. Jednak nie było takiej możliwości. Z dzieckiem mogliśmy wjechać prawie na sam szczyt budynku. Znajdował się tam dość duży taras oraz ławeczki, wokół których rosły różnokolorowe kwiaty. Byliśmy szczęśliwi faktem, że dziecko po raz pierwszy będzie mogło zaczerpnąć trochę powietrza. Spojrzeć na bujną roślinność i posłuchać śpiewu ptaków, które od czasu do czasu siadały na barierce. Wyszliśmy dosłownie na pięć minut, po czym niespodziewanie przyszedł pan z ochrony i uprzejmie prosił, by wszyscy opuścili to miejsce. Powodem zamknięcia na klucz drzwi dzielących duszny korytarz od miejsca z brązowymi ławeczkami był fakt, że zaraz piętro wyżej będzie lądował helikopter, a procedury szpitalne nakazują, by w tym czasie taras znajdujący się piętro niżej był zamknięty. Znaleźliśmy więc inne rozwiązanie. Lekarz nam asystujący powiedział, że możemy udać się przed wejście do szpitala, ale z drugiej strony. Zjechaliśmy więc windą w dół i udaliśmy się do wyjścia. Tym razem zamiast świeżego powietrza w me nozdrza uderzył zapach, a raczej smród palonych papierosów. Ludzie w ubraniach szpitalnych, niektórzy trzymający stojaki z kroplówką, dobijali siebie przed budynkiem z papierosem w ręce. Nigdy nie byłem w stanie zrozumieć, jak silne może to być uzależnienie, ponieważ sam nigdy nie paliłem. Najwidoczniej podłączona kroplówka i wizyta w szpitalu nie wystarczyły, by skończyć z nałogiem. Poszliśmy więc kawałek dalej, by nie czuć papierosów. Usiedliśmy na ławeczce, a następnie Ewa wyjęła małą z wózka i wzięła ją na ręce. Natalia po raz pierwszy zobaczyła zielone liście na drzewie, które rosło obok. Zaczęła rozglądać się dookoła, poznając coraz to nowsze kształty. Asystująca nam lekarz w ciemnoniebieskim fartuchu spytała się, czy nie chcielibyśmy wspólnego zdjęcia. Bez wahania podaliśmy jej telefon, a ona naciskając przycisk na telefonie, zrobiła nam jedną z najwspanialszych pamiątek. Posiedzieliśmy tak jeszcze chwilę, starając się wyciszyć. Wszystkie negatywne myśli uciekły w siną dal, a my cieszyliśmy się chwilą. Czuliśmy się świetnie, nie chcieliśmy wracać na salę, ale zbliżała się pora karmienia i było to koniecznością. Kiedy tylko wróciliśmy do szpitala, mała zasnęła. Powiedzieliśmy pielęgniarce, że w ten weekend nas nie będzie i czy mogliby częściej zmieniać Natalii pozycję, ponieważ jej kolanko jeszcze się nie zagoiło. Pozostała mała plamka wskazująca na to, iż powstała odleżyna. Co prawda miniaturowa, ale jednak widoczna.

W sobotę, zaraz po moim biegu, który zaczynał się zawsze o godzinie dziewiątej rano i miał dystans pięciu kilometrów, pojechaliśmy do Castleford na małe zakupy. Obeszliśmy cały outlet, a następnie udaliśmy się do salonu gier, by móc Sebastianowi w jakiś sposób zrekompensować codzienne dojazdy do szpitala. Niestety, ale prócz krótkiego pobytu w Polsce przed narodzinami Natalii, nasz syn nie miał w ogóle wakacji.

Pierwsze wyjście Natalii poza mury szpitala udokumentowane przez asystującego nam lekarza

W planach mieliśmy również kino, ale nie byliśmy pewni, czy trzylatek wysiedziałby na całej bajce. Zrezygnowaliśmy z tego pomysłu i zamiast tego skorzystaliśmy z atrakcji, które zostały rozstawione przed wejściem do budynku, w którym znajdowało się kino. Restauracje, wyciąg narciarski, sklepy sportowe oraz wspomniany wcześniej salon gier. Sebastianowi najbardziej podobało się na dmuchanym zamku, którego materiał nagrzał się w miejscach pozbawionych cienia. Był to bardzo udany dzień, ale myślami dalej byłem w szpitalu. Kiedy wracaliśmy samochodem, moja żona zadzwoniła do szpitala, by spytać się, jak się czuje Natalia. Na szczęście wszystko było dobrze i z tą informacją mogliśmy spokojnie spędzić wieczór.

Niedziela zaczęła się bardzo pięknie. Promienie słońca swobodnie wpadały do salonu, rozjaśniając go ciepłym światłem. Zjedliśmy śniadanie, ale do małej nie pojechaliśmy. Poszliśmy więc na łąki znajdujące się za naszym domem, by nakarmić konie, a następnie na spacer robiąc małą przerwę przy stawie. Na spokojnej wodzie pływały łabędzie, a kaczki siadały na brzegu, co i rusz podchodząc do ciemnobrązowej ławki, na której siedzieliśmy. Po przerwie obeszliśmy park dookoła i wróciliśmy do domu spragnieni lodów orzechowych. Do końca dnia siedzieliśmy w domu, spędzając czas z synem.

Kolejny dzień. Śniadanie, pociąg, droga do szpitala i wjechanie windą na odpowiednie piętro. Z uśmiechem na ustach udaliśmy się na blok pooperacyjny i jak najszybciej chcieliśmy przytulić naszą małą córeczkę. Wchodząc na salę, od razu zauważyliśmy, że naszego dziecka nie było w łóżeczku. Zamiast tego widzieliśmy inną rodzinę ze swoją pociechą, co gorsza, nie było nawet rzeczy, które zostawiliśmy. Książka Sebastiana oraz zabawki Natalii, jak i akcesoria dla maluszków zniknęły. Nie mieliśmy bladego pojęcia, co się dzieje. Ręce zaczęły mi drżeć, ponieważ nie lubiłem sytuacji, o których nie byliśmy informowani, zanim dotarliśmy do szpitala. Po chwili podeszła do nas pielęgniarka i wytłumaczyła, że w pierwszej kolejności przepraszają za nie poinformowanie nas o zaistniałej sytuacji. Nie wykonali do nas telefonu z tego względu, że całe zajście miało miejsce jakieś pół godziny przed naszym przyjściem. Jednak nie to było najważniejsze. Nie wiedzieliśmy, gdzie zabrali naszą córkę i czego mamy się spodziewać, ale skoro nie było jej tutaj, to na pewno nic dobrego nie mogło się jej przytrafić. Powiedziano nam, że stan dziecka znów się pogorszył i konieczne było przeniesienie jej na oddział zaraz przed intensywną terapią. Była to sala, w której niemowlęta musiały być pod baczną obserwacją. Ich stan był na tyle stabilny, że mogły przebywać w tamtym miejscu, ale w każdej chwili któreś z nich mogło zostać przeniesione na intensywną terapię.

Można było powiedzieć, że stan Natalii skakał jak sinusoida. Raz było dobrze, a raz źle. Co chwila wracaliśmy do punktu wyjścia, rozkładając ręce.

Gastrostomia

Nie możemy niczego zmienić, póki tego nie zaakceptujemy.

Carl Jung

Była to już trzecia sala od chwili narodzin Natalii, na którą została przeniesiona. Jakbym miał wybierać, która była najgorsza, to zdecydowanie byłaby to intensywna terapia, następnie Childrens High Dependency, na którym znajdowała się Natalia, a na samym końcu ta, gdzie leżała na samym początku. Nasza malutka dziewczynka umieszczona została w łóżeczku dla niemowląt i widać było, że miała coraz mniej miejsca. Lekarze również to dostrzegli i zaproponowali, czy nie mogliby zamienić jej łóżeczka na większe. Zgodziliśmy się na to bez wahania. Dodam jeszcze, że przyszła do nas konsultant i wspomniała o tym, że te sale są dla noworodków, a Natalia miała już trzy miesiące i będą niedługo musieli pomyśleć, co z tym zrobić. Maszyny pokazywały zwiększenie przepływu tlenu o dwie jednostki do góry, a kiedy dziecko się denerwowało, zwiększali o cztery jednostki. Nie straciliśmy nadziei, wierzyliśmy w to, że nasza miłość do niej jest tak ogromna, że pokonamy wszystkie przeciwności losu. Końca walki nie było widać. Na nowo poznanej przez nas sali zobaczyliśmy niektóre rodziny, które widzieliśmy podczas pobytu na intensywnej terapii. Było nam bardzo miło widzieć to, że niektóre dzieciaczki przetrwały najcięższy okres.

Spytaliśmy się pielęgniarki, czy istnieje możliwość wykąpania dziecka w wanience. Przemywanie jej tylko mokrymi chusteczkami już nie wystarczało. Zgodziła się, a po dziesięciu minutach przywieźli wanienkę, lecz wody do niej musieliśmy nalać sami. Ciężko było zmierzyć temperaturę wody, wkładając do wanienki tylko łokieć, no ale jakoś daliśmy radę. Większym wyzwaniem było dla nas włożenie dziecka do wspomnianej wcześniej białej misy. Dlatego, że patrząc na to, ile Natalia miała do siebie podłączonych kabli, głowiliśmy się, z której strony powinniśmy postawić wanienkę, by było nam łatwiej. Sprawę utrudniał fakt, że kable od pulsu oraz od karmienia były z jednej strony, a kable od tlenu z drugiej. Zdecydowaliśmy się w końcu umieścić ją z prawej strony. Umówiliśmy się tak, że ja będę ją trzymał, a Ewa będzie ją myć. Nie obyło się jednak bez asysty, ponieważ kabel od tlenu był dość gruby i ciężki, co powodowało, że co chwila wpadał nam do wody. Z małymi kłopotami udało się w końcu małą porządnie wykąpać. Wcześniej było to niemożliwe, lekarze zabraniali takiej kąpieli i zalecali obmywanie dziecka specjalnymi, mokrymi chusteczkami. Owinęliśmy małą w biały ręczniczek i pozwoliliśmy jej chwilę tak poleżeć, bo widzieliśmy, że najzwyczajniej w świecie jej się to spodobało. Nie trzymaliśmy małej jednak zbyt długo. Założyliśmy pieluszkę, przytuliliśmy do siebie. Raz ja, raz Ewa, a Sebastian starał się rozbawiać różnymi kolorowymi oraz grającymi zabawkami. Mała zasnęła, a my udaliśmy się w kierunku wyjścia.

Czuliśmy od lekarzy presję w sprawie tracheotomii. Metodycznie starali się nas na każdym kroku skłaniać do podpisania zgody, mimo że nie mieliśmy zamiaru tego robić. Pewnego razu spytaliśmy się ich, co to jej da prócz tego, że tylko jeszcze bardziej ją upośledzi? W odpowiedzi usłyszeliśmy, że dziecko będzie szybciej wypisane do domu. Czasami odnosiłem wrażenie, jakby pacjentów traktowali jak jakieś przedmioty, a nie ludzi. Najprawdopodobniej lekarze, z którymi mieliśmy kontakt, nie wiedzieli, czym jest empatia. Tylko procedury, skalpel i do widzenia.

Siedząc w domu, szukaliśmy wszystkich możliwych informacji, które mogłyby pomóc w zmianie zdania lekarzy. Mała była już po paru operacjach i nie chcieliśmy dokładać jej kolejnych, jednak po przeanalizowaniu wszystkich za i przeciw stwierdziliśmy, że zdecydujemy się na gastrostomię, którą nam wcześniej proponowano. Powodem zmiany naszej decyzji był fakt, iż sondy w nosie odpowiedzialne za karmienie dziecka mogą przyczyniać się do utrudniania oddychania. Jej nozdrza zapchane były po brzegi, a ta operacja mogłaby pomóc jej lepiej oddychać. Byliśmy cichej nadziei, że to dobre rozwiązanie. Poza tym rurki do karmienia w nosie musiały być co tydzień wymieniane, co powodowało, że Natalia jeszcze bardziej się denerwowała. Jeśli któraś z rurek przesunęła się bądź poluzowała, koniecznie było za każdym razem przyjeżdżanie z maszyną i skanowanie, czy obiekt jest umiejscowiony w odpowiednim miejscu. Mała była również mocno narażona na powstanie odleżyn wewnątrz ciała a tego chcieliśmy również uniknąć.

Kiedy przyjechaliśmy do szpitala na następny dzień, poprosiliśmy pielęgniarkę o rozmowę z konsultantem. Przyszła wysoka blondynka i spytała się, w czym może nam pomóc. Powiedzieliśmy jej wszystko. Spytaliśmy się również o to, czy operacja mogłaby zostać przeprowadzona jak najszybciej. Po raz tysięczny usłyszeliśmy – procedury, zobaczymy, co da się zrobić. Pozostało nam tylko czekać. Największym minusem tej operacji było to, że Natalia zostanie po raz kolejny poddana ogólnemu znieczuleniu, a każda narkoza najprawdopodobniej zostawia za sobą jakiś ślad.

Była niedziela ósmego września. Wzięliśmy udział w lokalnym biegu, który odbywał się w parku znajdującym się za naszym domem. Sebastian był zachwycony i czuł się prawie tak samo dobrze, jak podczas biegów z przeszkodami, szczególnie że na mecie czekał medal. Dodam jeszcze, że dzień wcześniej odbył się w tym samym miejscu znany na całym świecie Parkrun, w którym sukcesywnie brałem udział. Akurat tamten dzień był dla mnie wyjątkowy, ponieważ ustanowiłem swój nowy rekord personalny i pokonałem trasę prawie pięciu kilometrów w dość trudnym terenie, z przewyższeniami siedemdziesięciu trzech metrów, z czasem dwudziestu sześciu minut i dwudziestu jeden sekund.

Miałem coraz lepszą formę. Nie dość, że uprawianie sportu pozwalało mi na chwilę zapominać o tym wszystkim, co nas otaczało, to jeszcze w październiku czekał mnie Spartan Beast, bieg z przeszkodami i naprawdę musiałem się dobrze do tego przygotować. To był kolejny weekend, podczas którego nie pojechaliśmy do Natalii. Dla mnie akurat były to dwa tygodnie przerwy, ponieważ od początku września Sebastian skończył wakacje.

Rozwiązaliśmy to w ten sposób, że ja od poniedziałku do piątku zaprowadzałem go do przedszkola, a Ewa jeździła do szpitala. Było to dla nas znaczne ułatwienie. Taki podział obowiązków znacząco ułatwiał nam organizację dnia.

Zaraz przed linią mety ustanawiając nowy rekord personalny podczas biegu Parkrun

Pewnego dnia, gdy Ewa wróciła od małej, a ja z Sebastianem cze-kaliśmy w aucie po drugiej stronie peronu, by ją odebrać, powiedziała, że operacja może zostać przeprowadzona najwcześniej w przyszłym tygodniu. Z jednej strony cieszyliśmy się, że został ustalony termin, z drugiej zaś nie bardzo, ponieważ małą czekała jeszcze raz wymiana sond, przy których tak bardzo się denerwowała.

Kolejny tydzień minął bez zmian. Operacja została przeprowadzo-na w piątek, a do Natalii pojechaliśmy w sobotę z samego rana, by się o wszystko wypytać, no i oczywiście przytulić naszą małą córeczkę. Z raportu lekarzy wynikało, że operacja przebiegła pomyślnie i bez komplikacji. Sondy z noska zostały wyjęte. Jak nas wtedy ucieszył ten widok! Został jeszcze tylko ten paskudny tlen, ale byliśmy dobrej my-śli, że i on również za jakiś czas zniknie, a my będziemy mogli zabrać dziecko do domu. Po małej widać było, że uwolnienie jej z dodatkowych kabli było dobrą decyzją. Natalia zrobiła się spokojniejsza, a co za tym idzie, ilość dostarczanego tlenu spadła o połowę. Nie minęło dużo czasu i przyszła do nas kolejna osoba. Podczas wizyt w szpitalu mieliśmy do czynienia z tyloma lekarzami i konsultantami, że straciliśmy orientację, która osoba, za co jest odpowiedzialna. Czasami nawet bywało tak, że przyszedł do nas ktoś, z kim mieliśmy już do czynienia, a nam wydawało się, jakbyśmy tę osobę widzieli pierwszy raz na oczy. Ta konkretna pani była odpowiedzialna za nauczanie, jak poprawnie korzystać z gastrostomii. Tamtego dnia jednak zostawiła to zadanie lekarzom, a na szkolenie umówiła się z nami w środku przyszłego tygodnia. Spytaliśmy się, czy nie dałoby jednak rady zrobić tego szkolenia w weekend, kiedy ja również będę mógł być w szpitalu, ponieważ też chciałem wiedzieć, jak tego używać. Niestety, ale termin był nie do przesunięcia.

Mijały kolejne dni i wielkimi krokami zbliżał się mój debiut w biegach z przeszkodami na dystansie ponad dwudziestu jeden kilometrów. Sam nie wiedziałem, jak to wszystko pogodzić. Moje przygotowania szły bardzo opornie. Bardziej skupiałem się na rodzinie, niż na sporcie, ale od czasu do czasu chodziłem pobiegać. Moim celem było po prostu ten bieg ukończyć i zdobyć wymarzoną triffectę. Zostały mi jeszcze dwa tygodnie przygotowań, ale w pewnym momencie zdałem sobie sprawę, że to za mało. Mimo to postanowiłem podjąć się tego wyzwania.

W szpitalu z szarych cegieł ciągle toczyła się walka między nami a lekarzami Natalii. Naciskali nas w każdy możliwy sposób, byśmy tylko zgodzili się na tracheotomię. My jednak dalej byliśmy zdania, by dać jej jeszcze czas, że to zapalenie może minąć. Stan dziecka ciągle skakał jak sinusoida. Musieliśmy być przygotowani na wszystko, nawet na najgorsze. Pewnego dnia moja żona powiedziała mi, że według niej chrzest, który przeprowadziliśmy, nie był wystarczający i chciałaby wezwać do szpitala księdza. Oczywiście przystałem na jej propozycję.

Kiedy przyszedł dzień chrzcin, Ewa pojechała z samego rana do Leeds. Trzymając dziecko na rękach, czekała na starszego mężczyznę z koloratką. Duchowny przyszedł najpierw do sali, w której leżała

Natalia, następnie wspólnie z Ewą poprosili o to, by przenieść dziecko do innej sali, gdzie mogłaby odbyć się uroczystość. Chrzest odbył się, lecz tylko w obecności Ewy, ponieważ jego datę ustalono na jedyny możliwy termin, w środę. Dzień po uroczystości stan małej pogorszył się i mało brakowało, by nie została znowu podłączona pod respirator. Tlen został zwiększony na maksymalny przepływ, a oddech Natalki stał się ciężki. Maluszek strasznie się pocił, co skutkowało tym, że ubranka trzeba było zmieniać dwa razy dziennie. Konsultacje trwały i trwały. Ciągle nie mogliśmy dojść do porozumienia. Również lekarze między sobą nie mogli dojść do wspólnej decyzji. Ponad sześćdziesiąt procent ludzi pracujących w szpitalu i zajmujących się sprawą Natalii była przeciwna tracheotomii, a około czterdziestu procent uparcie dążyła do zrobienia naszemu dziecku rury w gardle. W międzyczasie mieliśmy rozmowę z panią, która zajmuje się tylko tracheotomią i mimo iż wiedziała, że naszego zdania nie zmienimy, musiała nam pokazać krok po kroku jak obchodzić się z dzieckiem po tej tragicznej w skutkach operacji. Po jakichś dziesięciu minutach myślami byłem już zupełnie gdzie indziej. Nie słuchałem jej, nie interesowało mnie to całe paskudztwo. Dopiero pod koniec tej rozmowy spytała się mnie o moje zdanie. Otrząsnąłem się z myśli i automatycznie odpowiedziałem, że nie ma o czym mówić. Pani starała nam się wmówić, iż dzieci po tracheotomii są szczęśliwe i wiodą normalne życie. Co za bzdura! Jeden z konsultantów na pierwszych rozmowach powiedział, że Natalia nie jest dzieckiem, które ma umrzeć. Mówił to wtedy, kiedy dziewczynka była podłączona pod respirator. Powiedział również, że na oddziale leżą dzieci w dużo gorszym stanie. Spytaliśmy się go, co by się stało z Natalią, jakby odłączyli jej teraz te wszystkie kable i powyłączali monitory? Nic nie odpowiedział. Zamilkł i siedział cicho do końca spotkania. Wszystko zostało wpisane w notatki lekarzy i dalej nie było rozwiązania tej sprawy. Pewnego razu zapytaliśmy się, czy duża ilość rodziców odmawia operacji i nie zgadzają się z opinią lekarzy? Odpowiedź była do przewidzenia, mianowicie bardzo mała ilość rodziców nie zgadza się na operację z różnych przyczyn. Jednak większość idzie za ciosem i zgadzają się na wszystko, co im powiedzą ludzie w fartuchach.

Stan dziecka znowu się pogorszył, ale wciąż nie było decyzji o podłączeniu respiratora. Na co dzień Natalka była podłączona pod tlen, ale gdy stan był gorszy, zmieniano maszynę na respirator. Lekarze poinformowali nas, że dłużej to tak trwać nie może i będą musieli podjąć jakieś kroki, oczywiście wszystko konsultując z nami. Po paru dniach powiedzieli, że w związku z tym, iż opinie lekarzy są podzielone i to w znaczącym stopniu, zostanie zwołana etyka lekarska, która zdecyduje, czy przyzna nam rację, czy też odbiorą nam prawa do decydowania o jej losie. Kolejna próba z ich strony okazała się ciosem w plecy. Zostaliśmy zastraszeni, że jeśli etyka lekarska zgodzi się na tracheotomię, możemy zostać podani do sądu i nie będziemy mogli reprezentować własnego dziecka. Ta powinność zostałaby przypisana zupełnie obcej osobie, która miałaby decydować o losach naszej córki! To było dla nas nie do pomyślenia, ale musieliśmy się uzbroić w cierpliwość i czekać na decyzję etyków.

Ewa jeździła do małej dzień w dzień, a ja zajmowałem się Sebastianem w domu. Zbliżał się październik, a decyzji wciąż nie było. Również coraz bliżej był mój debiut w Spartan Beast i byłem kompletnie rozbity emocjonalnie. Tak bardzo chciałem być przy córce, wesprzeć ją w tych trudnych chwilach, z drugiej zaś strony przygotowywałem się do tego biegu miesiącami i chciałem sprawdzić swoją wolę walki.

Jakiś tydzień przed wyjazdem poinformowano nas, że odbyło się spotkanie etyków i ku naszemu zdziwieniu powiedzieli, że przypadek dziecka jest tak beznadziejny, że nie są w stanie wydać ostatecznej decyzji. W związku z tym muszą mieć opinię lekarzy spoza Leeds.

Najpierw przyjechał lekarz zajmujący się gardłem z Manchesteru. Wszedł do sali, obejrzał małą, nawet jej nie badając, spojrzał na liczby różnych kolorów znajdujących się na monitorach i po pięciu minutach bez żadnych skrupułów rzekł – tracheotomia. Moja żona starała się przedstawić mu swój tok rozumowania, ale on nawet nie słuchał. Jakby tylko mógł, to pewnie dłubałby w nosie, czekając tylko, aż kobieta stojąca koło niego przestanie gadać, a on będzie mógł już sobie iść napić się kawy lub herbaty.

Po kolejnych kilku dniach przyjechał lekarz o tej samej specjalizacji, z Sheffield. Było zupełnie odwrotnie niż przy pierwszym specjaliście. Zbadał małą dokładnie, wysłuchał, co moja żona miała do powiedzenia i co dziwne, przyznał jej rację. Po zrobieniu badań stwierdził, że nic z tego nie będzie, a tracheotomia tylko jeszcze bardziej upośledzi dziecko. Dodał również, że nikt nie daje gwarancji, że po dwóch latach bądź po roku wyjmą jej rurę z gardła. Struny głosowe nie pracowały, dziecko nie było w stanie oddychać bez maszyn i było widać, że strasznie cierpi tylko dlatego, że blokowały ją procedury szpitalne.

Opinie obydwu specjalistów zostały przekazane do głównej dokumentacji, która z kolei została przekazana etykom.

W całej tej sytuacji najgorsze było czekanie. Nie mogliśmy pozbierać własnych myśli. Cały czas w głowie siedział gdzieś ten strach, że odbiorą nam dziecko, pokroją wzdłuż i wszerz, posadzą na wózek i każą być szczęśliwym, mając w ciele dwie rury i nie mogąc wykrztusić z siebie ani słowa.

Będąc u Natalii niespodziewanie przyszły do nas dwie młode panie. Okazało się, że są z hospicjum dziecięcego i wytłumaczyły nam, na jakiej zasadzie działają. Jeśli decyzja lekarzy zapadnie taka, że pozwolą dziecku odejść w spokoju, to istniała możliwość, by odbyło się to w ich hospicjum, a nie w szpitalu. Jednak na to musieliśmy jeszcze czekać. Niespełna dziesięć minut po tym, jak salę opuściły dwie przesympatyczne panie, weszła konsultant, by powiedzieć nam, że etyka lekarska podjęła decyzję i nasza ostateczna konsultacja odbędzie się w granicach piętnastego października, ale dokładną datę nam jeszcze powiedzą i proszą o obecność obojga rodziców. Dobrze, że rozmowa odbędzie się po naszym wyjeździe. Będę mógł skupić się na biegu, a Natalia będzie pod opieką lekarzy przez te parę dni. Czasami odnosiliśmy wrażenie, że lekarze nie rozumieli potrzeb rodziców, że też potrzebują odpocząć od szpitala, złapać oddech. Owszem, widzieliśmy rodziców przebywających ze swoimi pociechami dzień w dzień. Wyglądało to tak, jakby w ogóle nie opuszczali placówki, a według nas człowiek powinien też mieć trochę czasu na odpoczynek fizyczny oraz psychiczny.

Tak było i tym razem. Przekazaliśmy tylko, że nie będzie nas przez parę dni, bo mamy wyjazd, który zaplanowany był jeszcze zanim mała się urodziła. Pewnie pomyśleli sobie, że dziecko leży w stanie tragicznym w szpitalu, a oni jadą się bawić. Może tak, może nie, ale my mieliśmy to gdzieś. Mieliśmy również dość tej ciągłej walki o lepsze życie dla małej od chwili jej narodzin. Musieliśmy odpocząć, a wyjazd jak najdalej stąd był wręcz wskazany. Wiedzieliśmy, że w razie pogorszenia się stanu Natalii personel da nam niezwłocznie znać. Wtedy przyjechalibyśmy prosto do szpitala, nawet robiąc nawrotkę niedaleko Londynu. Byliśmy tylko cichej nadziei, że nic takiego się nie wydarzy i będziemy mogli zrealizować plany. Pobyliśmy jeszcze chwilkę z małą, a gdy wszyscy już sobie poszli i my pojechaliśmy do domu, żeby się spakować. Z samego rana czekała nas ponad czterogodzinna droga.

Spartan Beast

Jedyną drogą do rozwoju jest ciągłe podnoszenie poprzeczki. Jedyną miarą sukcesu jest wysiłek, jaki włożyliśmy, aby go osiągnąć.

Bruce Lee

Poranna aura nie wróżyła zbyt dobrze. Zamiast pięknego słońca było pochmurno i do tego wiał lekki wiatr. Wszystkie niezbędne rzeczy spakowaliśmy dzień wcześniej i bardzo dokładnie sprawdziliśmy, czy czegoś nie zapomnieliśmy. Całe szczęście wszystko się zgadzało, a my po obfitym śniadaniu wyruszyliśmy w drogę do miejscowości Reading, która była oddalona od miejsca imprezy niecałe trzydzieści minut drogi samochodem. Postanowiliśmy zarezerwować hotel dzień wcześniej, ponieważ wolałem się porządnie wyspać w dniu, w którym miał odbyć się bieg. Już nie raz było tak, że wyjeżdżaliśmy w ten sam dzień między piątą a szóstą rano, kiedy bieg zaczynał się o dziesiątej. Było to męczące, ale na szczęście dystanse do przebiegnięcia były krótkie. Tym razem czekały nas ponad cztery godziny drogi, więc nie wyobrażałem sobie prowadzić tyle czasu, a później jeszcze biec ponad dwadzieścia kilometrów. Przekręcając klucz w drzwiach, zerknąłem jeszcze przez okno czy zgasiliśmy wszystkie światła. Odpaliłem samochód i wyruszyliśmy w drogę.

Jadąc po autostradzie, co jakiś czas zerkałem na moją żonę. Ewidentnie było widać, że nie mogła przestać myśleć o Natalii. Szczególnie że czekała nas ostateczna konsultacja i nie mieliśmy pojęcia, jak potoczą się losy naszej córeczki. Ten wyjazd jednak starałem się potraktować tak, by być jak najdalej od szpitala i w ogóle nie poruszać tego tematu.

Po ponad czterech godzinach męczącej jazdy dotarliśmy do hotelu, spotkaliśmy się ze znajomymi, którzy również brali udział w imprezie sportowej i poszliśmy spać.

Następnego dnia wstałem szybciej niż Ewa z Sebastianem. Musiałem zjeść jakiś lekki posiłek, by potem na spokojnie móc wyjechać. Kompletnie nie znałem tych rejonów, więc ustawiłem GPS do miejsca docelowego i na spokojnie pokonaliśmy tę drogę.

Kiedy wjechaliśmy na teren imprezy i zaparkowałem już auto na miejscu wskazanym przez wolontariusza w przeciwsłonecznych okularach oraz żółtej kamizelce odblaskowej, postanowiłem od razu przebrać się w ciuchy, w których miałem zamiar biec. Nie było sensu zostawiać torby ze wszystkimi rzeczami w szatni, która była płatna, skoro można było zostawić wszystko w bagażniku. Sebastianowi założyliśmy kalosze, ponieważ teren był żyzny i w większości miejsc błotnisty, następnie udaliśmy się w kierunku rejestracji.

Mimo wczesnej godziny kolejka była już dość duża i zeszło mi ponad pół godziny, bym mógł pokazać pod czarnym namiotem dowód osobisty i odebrać swój numer startowy wraz z chipem śledzącym mój czas.

Ewa wraz z naszym synem rozsiadła się na kocyku niedaleko stoiska, w którym sprzedawali kawę, a ja poszedłem wraz ze znajomymi obok linii startu zobaczyć, jak startuje pierwsza fala zawodowców, czyli fala Elite, w której brało udział paru moich znajomych. Gromkimi oklaskami zacząłem dopingować wszystkich uczestników zaraz po końcowym odliczaniu. Wszyscy wystrzelili do przodu i nie trzeba było długo czekać, zanim zniknęli za zakrętem, wbiegając w las.

Był to start mężczyzn. Zawsze w ten sposób zaczyna się każdy taki bieg, a po krótkiej przerwie na linię startu weszli kolejni zawodowcy, czyli tym razem kobiety. Z punktu widzenia faceta było na czym oko zawiesić, wysportowane kobiece sylwetki przyciągały spojrzenia. Ja na szczęście już tę jedyną znalazłem, więc pozostało mi tylko kibicować i zachęcić do walki zaraz po skończonym odliczaniu. Pobiegły i zniknęły za zakrętem w lesie tak samo szybko, jak ich poprzednicy.

Co jakiś czas podchodziłem do mojej rodziny i pytałem się, jak się czują. Na szczęście dobrze, tylko zmęczeni. Ogólnie moja żona nie lubiła jeździć na takie imprezy z Sebastianem ze względu na jego marudzenie. Tak samo było tym razem, nie mógł usiedzieć i cały czas był z czegoś niezadowolony. Największą radość sprawiało mu podchodzenie do linii startu i kibicowanie tacie. Z takimi kibicami zawsze wbiegałem na trasę z wielką dumą.

Moja fala startowała po godzinie jedenastej, więc miałem jeszcze dużo czasu na to, aby się porządnie rozgrzać i nastawić psychicznie przed tym wyzwaniem.

Szczęśliwy po pokonaniu trasy dwudziestu trzech kilometrów, która
w założeniu miała być dwa kilometry krótsza

Nadszedł czas. Zawołali wszystkich na linię startu, a w tle na cały regulator włączyli muzykę motywującą. Było nas bardzo dużo, nie wspominając już o ludziach, którzy pobiegli przed nami. Najważniejsze było tylko to, by na przeszkodach nie robiły się kolejki. Nie miałem jednak złudzeń przy takiej ilości biegnących. Istniało duże prawdopodobieństwo, że przed przeszkodami trzeba będzie poczekać dłuższą chwilę.

Zaczęło się odliczanie, a ja nie mogłem się doczekać, by w końcu zniknąć za zakrętem, wbiegając w las jak moi poprzednicy. Byłem bardzo ciekaw, jak przebiegnie trasa, no i oczywiście czy dam radę w ogóle ukończyć bieg? Ruszyliśmy. Jedni wystrzelili jak z procy, a inni na spokojnie, powoli, by rozłożyć siły na cały dystans. Osobiście należałem do tej drugiej grupy, wolałem zacząć na spokojnie, bo szczerze mówiąc, nie wiedziałem, jak mam rozłożyć siły. Pokonałem pierwszą przeszkodę, a następnie wbiegłem w las po ścieżce odgrodzonej taśmami. Im dalej w las, tym więcej gałęzi na drodze. Trzeba było bardzo uważać. Biegłem i biegłem, stawiając czoła każdej przeszkodzie. Czasami się udawało, a czasami nie i trzeba było robić karne burpees. Podczas zawodów byłem w stanie się wyciszyć i zapomnieć o otaczających mnie na co dzień problemach. Podobało mi się to. Czysty umysł był mi w tym momencie najbardziej potrzebny. Pokonywałem trasę swoim tempem. Nie spieszyło mi się, zależało mi tylko i wyłącznie na tym, by przekroczyć linię mety. W końcu po czterech godzinach, czterdziestu siedmiu minutach i siedemnastu setnych zrealizowałem swój cel. Przekroczyłem linię mety, ciesząc się jak małe dziecko z zabawki. Byłem bardzo szczęśliwy, że udało mi się osiągnąć ten cel i skompletować triffectę!

Ostatni element układanki skompletowany

W końcu dotarło do mnie, że czas powrócić do rzeczywistości. Powróciły myśli i wszystko, co było związane ze sprawą. Za parę dni czekała nas ostateczna konsultacja, a my nie mieliśmy pojęcia, jaką decyzję podjęli lekarze.

Przez ostatnie dni zaraz przed rozmową Ewa jeździła do małej i opowiadała mi o tym, jak źle czuła się mała. Cały czas była podłączona do różnokolorowych kabli, a tlen przepływał na maksymalnych ustawieniach. Lekarze powiedzieli, że starali się zmniejszać tlen co jakiś czas, jednak za chwilę wracali na największe ustawienia, bo dziecko nie dawało rady. Wciąż nie zapadła decyzja, czy użyć ponownie respiratora.

W końcu nastał ten dzień. Jeszcze nigdy w życiu tak się nie stresowałem. Ręce mi całe drżały. Myślami byłem zupełnie gdzie indziej w drodze do szpitala. Nie wiedziałem, czy ten horror już się zakończy, czy będzie trwał, a my będziemy musieli włóczyć się po sądach, nie będąc w stanie nawet reprezentować własnego dziecka. Chcieliśmy już to mieć za sobą. Przebywając u małej, co jakiś czas patrzyłem na wskazówki zegara i mimo pikających wokoło maszyn w mej wyobraźni słyszałem jego tykanie. Trzymałem malutką na rękach, płacząc cały czas i powtarzając jej, że niezależnie od tego, co się stanie, kocham ją całym sercem. Że zrobię wszystko, by już dalej nie cierpiała, by już dalej jej nie kroili, nie traktowali jak przedmiot. Wystarczyło już tych cierpień od chwili narodzin.

Wybiła godzina sądu. Zostaliśmy zaproszeni do sali i po raz kolejny poczęstowali nas kawą oraz ciastkami wypchanymi po brzegi cukrem. Bez zastanowienia włączyliśmy naszemu synkowi bajki i pozwoliliśmy mu oglądać, co mu się tylko podoba, nawet te, za którymi nie przepadaliśmy i nie uważaliśmy, że są dobre dla dzieci. Chcieliśmy skupić się na rozmowie. Zanim wszyscy usiedli, poprosiłem jedną osobę z naprzeciwka, by podała całą paczkę chusteczek Ewie, bo wiedziałem, że bez łez się nie obejdzie.

Została nam przedstawiona po raz kolejny historia Natalii, następnie usłyszeliśmy, że etyka lekarska jest zgodna z naszym zdaniem i tracheotomia w jej przypadku nic nie pomoże. Dziecko zostałoby skazane na wegetację, do końca życia cierpiąc. Według etyków przypadek Natalii był jak jeden na dziesięć tysięcy. Rozszczep kręgosłupa sam w sobie nie był na tyle poważny, co powikłania, których dziecko dostało z biegiem upływających dni po urodzeniu. Takich powikłań w tym szpitalu jeszcze nie widzieli. Wszyscy byli zgodni co do tego, by dać dziecku odejść w spokoju, aby już dłużej nie cierpiało. Zastaliśmy tylko zapytani, gdzie chcielibyśmy, aby wszystkie maszyny zostały odłączone, byśmy mogli w ciszy i spokoju pożegnać naszą ukochaną córeczkę, podczas gdy personel zajmie się Sebastianem.

Wszyscy się na nas patrzyli, a my milczeliśmy przez dłuższą chwilę, nie mogąc powstrzymać łez. Czekali, aż coś odpowiemy. Po przetarciu oczu powiedzieliśmy tylko „dziękuję". Z początku chcieliśmy, aby pożegnanie odbyło się w tym samym szpitalu, jednak po rozmowie z Panią doktor pracującą w hospicjum dziecięcym, przekonaliśmy się do tego, by cały proces odbył się właśnie tam. Podjęliśmy taką decyzję z tego względu, że z tego, co nam powiedzieli, jest tam miłej, przytulniej i spokojniej, niż w miejscu, do którego jeździliśmy od paru miesięcy.

Wszyscy zgromadzeni wyszli z pokoju, mówiąc, że dadzą nam chwilę na osobności, byśmy mogli porozmawiać. Wstaliśmy z kanapy po jakichś pięciu minutach, dopijając ostatni łyk już zimnej kawy, bo nie było o czym rozmawiać. Tylko przytuliliśmy się do siebie, przekonując się nawzajem, że zrobiliśmy wszystko, co w naszej mocy, by ją ratować. Musieliśmy jednak powiedzieć już stop.

Wróciliśmy do małej. Nie spała. Spojrzałem jej głęboko w oczy i powiedziałem, że ją bardzo kocham i na zawsze pozostanie w mym sercu. Nawet nie usiadłem na krzesło, tylko na ziemi i skuliłem się w kłębek, dalej płacząc. Czułem się bezradny. Co chwilę podchodzili do mnie lekarze i pytali, czy mi czegoś potrzeba, czy może przynieść mi wodę albo dać jakąś tabletkę na uspokojenie. Nic nie chciałem prócz tego, by wszyscy dali mi spokój. Nawet teraz, podczas pisania tego fragmentu płaczę, ponieważ łzy same cisną mi się do oczu. Nie chcę ich powstrzymywać. Wracając jednak do szpitala, daliśmy całusa Natalii, wszyscy, mówiąc, że jest naszym aniołkiem. Byłem wtedy w takim stanie, że nawet nie zwracałem uwagi na otoczenie i na innych rodziców, którzy najprawdopodobniej patrzyli się na nas cały czas.

Uspokoiliśmy się dopiero po jakimś czasie i zgodnie stwierdziliśmy, że czas do domu. Zanim jednak opuściliśmy szpital, doktor z hospicjum powiedziała, aby Ewa kolejnego dnia z samego rana przyjechała do szpitala i przetransportują ją oraz Natalię karetką do placówki. Tak około dziewiątej, wtedy zostanie zorganizowany transport. Ja natomiast miałem zaprowadzić najpierw Sebastiana do przedszkola, następnie go odebrać i dopiero potem jechać do hospicjum. Gdy odbierałem syna z przedszkola, podszedłem do pani przedszkolanki i spytałem się, czy mogę porozmawiać z nią w osobnym pokoju. Będąc już w gabinecie, wytłumaczyłem jej, dlaczego Sebastiana nie będzie w przedszkolu na czas nieokreślony. Po policzku spłynęła mi łza.

Kiedy odebrałem już syna, zadzwonił telefon. Okazało się, że zadzwoniła do mnie jedna z pracownic hospicjum i poprosiła mnie, bym jak najprędzej przyjechał, zaznaczając, że mam jechać powoli i ostrożnie.

Hospicjum

*O cud można się modlić, ale cudu nie należy się spodziewać. One nie
dzieją się na zawołanie ni nie można ich na Panu Bogu wymusić.*

ks. Jan Kaczkowski

Spakowałem walizkę, lecz nie dużą. Nie miałem pojęcia, ile czasu
tam będziemy, jak to wszystko się potoczy. Wsadziłem syna do samochodu, ustawiłem nawigację i ruszyłem, by czym prędzej dotrzeć
do celu. Jechałem ostrożnie zgodnie z zaleceniami pani, która do mnie
wcześniej zadzwoniła. Wiedziałem, że muszę skupić się na drodze,
szczególnie że wiozłem z sobą syna. Pierwszy raz jechałem tą trasą
i poniekąd sam byłem ciekaw, jak to hospicjum będzie wyglądać.

Minęło około czterdziestu minut, a mym oczom ukazał się budynek z otwartą bramą wjazdową, za którą widać było pełny parking sa-
mochodów. Widząc ludzi przechodzących obok, uchyliłem szybę
i spytałem się, czy dojechałem do właściwego miejsca. Po usłyszeniu
pozytywnej odpowiedzi pojechałem w lewą stronę w celu znalezienia
miejsca parkingowego. Dopiero na samym końcu udało mi się zostawić auto, wziąć syna i czym prędzej ruszyć do recepcji nie wyciągając
nawet żadnych bagaży. Po naciśnięciu domofonu odezwała się pani,
pytając, do kogo przyjechałem z wizytą? Odpowiedziałem, że dziś
przywieźli tutaj moją córkę Natalię wraz z jej mamą i kazali jak najprędzej przyjechać. Zostaliśmy wpuszczeni do środka, po czym jeden
z pracowników zaprowadził nas do punktu docelowego. Szliśmy wą-
skim korytarzem, a po lewej, jak i prawej stronie były wejścia do po-
koi. Minęliśmy salę muzyczną, a następnie weszliśmy do pokoju sen-
sorycznego, w którym było prawie zupełnie ciemno. Na ścianie wyświetlały się światła, co chwilę zmieniając swój kształt i kolor. Ewa
siedziała na ziemi, trzymając Natalię, która intensywnie wpatrywała
się w świetlne przedstawienie. Przenośna maszyna z tlenem cały czas

była podłączona do córki, a w sali prócz lekarza z hospicjum i nas, znajdował się również kierowca karetki oraz pielęgniarka, która pełniła w tym dniu dyżur nad małą i zobowiązana była przyjechać do hospicjum wraz z Ewą ze szpitala w Leeds. Sebastianowi również podobały się różnokolorowe wzory. Dobrze, że synek się czymś zainteresował, a my mogliśmy się skupić na ostatnim pożegnaniu. Płakaliśmy, nie wiedząc, kiedy będą chcieli zdjąć z niej wszystkie kable. Chcieliśmy, by chociaż raz ujrzała błękitne niebo i drzewa więc poprosiliśmy o wózek i o to, by wyjść z nią na dwór do ogrodu na terenie ośrodka. Przywieźli nam wózek, w którym Natalia ledwo się zmieściła i poszliśmy w kierunku wyjścia. Usiedliśmy na ławce, podczas gdy do Sebastiana została poproszona opiekunka. Zaopiekowała się nim młoda wolontariuszka hospicjum. Pokazała dziecku ogrodową szopę, w której były zużyte i poniszczone zabawki. Tylko niektóre nadawały się do zabawy. Nie wzięła go do środka placówki, ponieważ Sebastian chciał mieć rodziców na widoku. Nowe miejsce, nowi ludzie i troszkę się bał. Był za młody, by zrozumieć, co działo się w danym momencie.

Zapadła cisza, wiał lekki, chłodny wiatr a tę ciszę po chwili przerwała doktor z hospicjum pytaniem, czy jesteśmy gotowi? Dziecko było na diazepamie oraz morfinie, by nie czuło żadnego bólu. Odpowiedzieliśmy, że tak. Chcieliśmy, by nastąpiło to w tamtym momencie, gdy czuliśmy, że zrobiliśmy wszystko, co w naszej mocy, by ją ratować. Walczyliśmy o nią dzień w dzień przez ostatnie miesiące i mieliśmy czyste sumienia. Kierowca karetki delikatnie wyjął jej tlen z noska i odłączył wszystkie maszyny. Dziecko patrzyło na liście delikatnie kołyszące się przez jesienny wiatr. Spytaliśmy się, ile to potrwa, lecz niestety nikt nie znał na to odpowiedzi. Któryś raz z kolei usłyszeliśmy, że to zależy od dziecka, ale widząc odczyty z maszyn, które były do niej podłączone, można było przypuszczać, że nie powinno to długo potrwać. Byliśmy cały czas przy niej i czekaliśmy na najgorsze, ale nic się nie działo. Siedzieliśmy tak z nią jeszcze przez dwie godziny, a dziecko cały czas uważnie obserwowało żółto-pomarańczowe liście na drzewie. Jej pielucha była już pełna, a my zdezorientowani. Co tak naprawdę się tam wydarzyło? Pozostało nam czekać, a ja kątem oka zerkałem na Sebastiana, jaką się bawi zabawką z opiekunką. Była to żółta, plastikowa koparka z ułamanym w jednym miejscu ramieniem czarnego koloru.

Jedno z drzew na terenie ośrodka na które również spoglądała Natalia

Doktor powiedziała, że zostawi nas teraz samych z jedną z pracownic hospicjum, a ona musi iść wypełnić jakieś dokumenty. Zaczęło się robić chłodno, więc wróciłem do pokoju po bluzę ocieplaną od środka, a Ewa odłożyła maluszka do wózka, bacznie obserwując, co się dzieje. Dziewczynka leżała i wpatrywała się ciągle w jeden punkt, od czasu do czasu zerkając tylko na swoją mamę.

Po pewnym czasie poprosiliśmy przemiłą panią, czy może zawołać lekarza, bo sami nie wiemy, czy mamy tutaj tak siedzieć, czy wracać do pokoju. Doktor przyszła po chwili i zupełnie nie spodziewając się takiego obrotu spraw, poprosiła nas, byśmy udali się do środka.

Tam nam wytłumaczyła, że będą dziecko obserwować, podawać dalej leki i jak coś zaczęłoby się dziać, dadzą nam od razu znać, a teraz zapraszają nas na ciepły posiłek, bo właśnie została otwarta stołówka.

Widok Natalki bez maszyn bardzo nas cieszył, ale do wszystkiego podchodziliśmy z ogromną ostrożnością. Widzieliśmy, w jakim stanie była w szpitalu i liczby mówiły same za siebie. Zostawiliśmy małą pod opieką pielęgniarki i poszliśmy coś w końcu zjeść po tych wszystkich emocjach, które towarzyszyły nam od ostatniej konsultacji. Jedzenie było przepyszne. Nawet się nie spodziewałem, że może tak wyśmienicie smakować. Po obfitym posiłku poszliśmy usiąść w salonie, który zresztą był połączony z miejscem, gdzie były rozstawione stoły od kuchni. Na środku stał ogromny telewizor z podłączonym dvd i dzieciaczki będące w różnym stanie oglądały bajki.

Chwilę odpoczęliśmy, siadając na bardzo wygodnej sofie, w której można było zasnąć w mgnieniu oka, a dookoła kręcili się inni ludzie. Potrzebowaliśmy tego odpoczynku, chociaż na chwilę, lecz wiedzieliśmy, że musimy wracać do pokoju, ponieważ los naszej córki był niepewny. Idąc tym samym korytarzem w stronę pokoju co na początku naszej wizyty w hospicjum, minęliśmy po drodze ludzi, których miny wskazywały na to, iż coś strasznego musiało się wydarzyć w ich przypadku. Nacisnąłem klamkę, weszliśmy do środka i zobaczyliśmy, że mała zasnęła, podczas gdy czuwała nad nią jedna z pracownic. Chwilę z nią porozmawialiśmy, po czym chętnie udaliśmy się na dwór, aby skorzystać z ładnej pogody. Natalię wraz z urządzeniem monitorującym przełożyliśmy do wózka i razem z Sebastianem usiedliśmy na brązowych, drewnianych krzesłach przy wygodnych, kawowych stolikach. Parę z kawy zdmuchiwał lekki wiatr, a nasz syn zajadał się świeżo zrobionymi grzankami z malinowym dżemem. Musieliśmy również odpędzić osę, która przyleciała, skuszona słodkim zapachem owoców.

Natalka co jakiś czas dostawała kolejne dawki leków, by uśmierzyć ból, ale patrząc na nią, zastanawiałem się, czy w ogóle jakiś odczuwała. Jednego byłem pewien, dziwny dźwięk nie zniknął. Natalia cały czas wydawała z siebie dźwięk podobny do piania koguta, ale była w stanie samodzielnie oddychać. Lekarze byli w szoku. Wiedzieliśmy tylko, ile czasu ciało może przebywać na terenie ośrodka, oraz że pomogą załatwić nam wszystkie niezbędne formalności związane z odejściem dziecka. Teraz jednak zaczęli szykować plan B, a my byliśmy informowani na bieżąco.

Pierwsza noc w hospicjum minęła strasznie, praktycznie nie przespaliśmy jej. Co chwilę trzeba było wołać pielęgniarkę, ponieważ Natalia cały czas płakała. Aby dziecko się uspokoiło, podawali mu morfinę doustnie. Miała szybsze działanie niż ta podawana przez gastrostomię.

Rano, mimo mroźnej pogody do naszego pokoju wpadły promienie słońca. Wstaliśmy niewyspani, przebraliśmy małej pieluszkę, a następnie udaliśmy się na śniadanie. Spożywany przez nas posiłek został przerwany przez panią doktór, która poprosiła nas o to, by po śniadaniu udać się do pokoiku znajdującego się za kanapą w salonie.

Gdy otworzyliśmy drzwi, naszym oczom po prawej stronie ukazała się ściana, na której namalowana była ogromna tęcza od ziemi aż po sufit, a do niej poprzyczepiane tysiące malutkich zdjęć. Gdy zbliżyłem się do ściany, by baczniej się im przyjrzeć, dostrzegłem fotografię dzieci. Były to osoby, które przebywały na terenie hospicjum od początku jego powstania. W życiu bym nie przypuszczał, że aż tyle dzieciaczków oraz młodzieży miało styczność z tym miejscem. Moją uwagę od patrzenia się w kolorową ścianę odwrócił kobiecy głos. Pani doktor powiedziała, że nikt nie przypuszczał takiego obrotu spraw, więc będą obserwować Natalię i jeśli wszystko będzie dobrze, pod koniec tygodnia bądź w przyszłym przetransportują naszą córkę do szpitala w Wakefield, by tam nauczyć nas dokładnie, jak korzystać z gastrostomii. Dodała również, że wszystko się może wydarzyć, na razie jest dobrze, ale stan dziewczynki może się diametralnie zmienić, tak jak to miało miejsce wcześniej w szpitalu. Przyjęliśmy to wszystko do wiadomości, ubraliśmy małą i udaliśmy się w stronę malutkiego kościółka, który znajdował się na terenie ogrodu. Szliśmy małą dróżką wysypaną drobnymi kamyczkami w różnych odcieniach szarości. W oddali można było dostrzec szare króliki. Było ich naprawdę sporo. Weszliśmy do malutkiego budynku, ale zanim przystąpiliśmy do modlitwy, przyszedł ksiądz. Opowiedzieliśmy mu całą historię związaną z naszą córką, po czym wspólnie odmówiliśmy Ojcze Nasz. W pomieszczeniu jedna ściana była cała oszklona, a przez szyby dostrzegliśmy kolejne grupki króliczków kicających na trawie lekko pokrytej rosą. Najwidoczniej przyzwyczaiły się do tego miejsca. Wychodząc z powrotem na dwór, przypatrzyliśmy się dokładniej całemu ogrodowi. Na drzewach przywiązane były wstęgi, najprawdopodobniej symbolizujące osoby, które tu odeszły. Gdyby nasza córka również tutaj zamknęła oczy na zawsze, pewnie przywiązaliby kolejną. Na szczęście to się nie stało, tak samo jak proponowali nam, czy nie chcielibyśmy, aby zdjęcie Natalii zawisło na ścianie z tęczą. Po głębszym zastanowieniu odmówiliśmy.

Wiedzieliśmy już, że w hospicjum będziemy musieli zostać dłużej, niż przypuszczaliśmy, więc spakowałem walizkę z brudnymi ubraniami i zawiozłem ją do domu. Wyjechałem z samego rana, by zdążyć jeszcze w domu posprzątać, zrobić pranie, spakować czyste ubrania i wrócić do mojej rodziny. Poprosiłem jednak o to, by w razie czego koniecznie ktoś do mnie zadzwonił.

Podczas sprzątania w domu usłyszałem, że na mój telefon przyszła wiadomość. Okazało się, że napisała do mnie znajoma i zaproponowała mi wysyłkę z Polski olejku Św. Szarbela. Wytłumaczyła mi, jakie ma zastosowanie, podkreślając, że przy smarowaniu nim dziecka należy odmówić modlitwę z całego serca. Przeczytałem tę wiadomość, podziękowałem, lecz odmówiłem wysyłki. Nie byłem przekonany co do takich olejków i zwyczajnie olałem temat.

Kiedy słońce zaczęło już zachodzić, wyruszyłem do placówki. Trasa minęła mi tak samo bezpiecznie, jak poprzednim razem z tą tylko różnicą, iż mogłem samochód zaparkować zaraz przed głównym wejściem, bo o tej godzinie nie było już tylu odwiedzających, a miejsca parkingowe były prawie puste.

Gdy wszedłem do pokoju, nasza córka spała, wciąż wydając z siebie ten paskudny dźwięk.

Byłem tym dniem już tak zmęczony, że po kolacji poszedłem po prostu spać i obudziłem się dopiero rano koło ósmej godziny. Najwidoczniej mój organizm potrzebował tego odpoczynku. Moja żona wraz z dziećmi jeszcze spała, a ja udałem się do kuchni, by zaparzyć sobie kawę. Usiadłem wygodnie na kanapie, po czym pomału zaczęli schodzić się do kuchni ludzie przebywający w hospicjum. Rodzice z ich pociechami oraz opiekunowie. W przeciągu jednej godziny zajęli prawie wszystkie stoły. Gdy siedziałem, popijając gorący napój, kolejny raz dotarło do mnie, że nie tylko my mamy poważne problemy związane z dzieckiem.

Gdy odstawiałem kubek, zauważyłem moją rodzinę wchodzącą do pomieszczenia. Ewa zostawiła mi wózek, a sama wraz z synkiem poszła zjeść śniadanie. Zacząłem rozśmieszać Natalkę w wózeczku i bacznie obserwowałem jej reakcje. Mimo iż dziewczynka była na lekach, uśmiechała się, widząc tatę robiącego głupie miny. Był to dobry znak, że wszystko zaczęło iść w dobrym kierunku.

Po śniadaniu wyszliśmy na spacer. Chodziliśmy tak po parku, poznając nowe alejki i ciesząc się otoczeniem. Jak już wróciliśmy do budynku, dowiedzieliśmy się, że niedługo, w ramach specjalnej terapii przyjeżdża pani ze zwierzętami. Wszystkie dzieci z niecierpliwością czekały na wizytę, spoglądając przez szklane drzwi. Gdy już przyjechała, usiedliśmy, by skorzystać z tej wyjątkowej okazji. Kobieta delikatnie położyła niewielkiego królika do wózeczka Natalii, a Sebastianowi dała świnkę morską, wcześniej rozkładając mu na kolanach ścierkę z niedużą ilością powbijanych trocin. Widać było, że ten rodzaj atrakcji wzbudza w dzieciach naprawdę dużo radości. Po dwóch godzinach właścicielka wszystkich pupili opuściła placówkę, a my udaliśmy się do pokoju zabaw. Gdy siedzieliśmy na ziemi, przyszła do nas kolejna pani. Z początku myślałem, że jest to kolejny lekarz i zaraz zacznie nam nawijać o procedurach, lekach oraz szpitalach, ale jednak okazała się artystką. Dopiero po chwili dostrzegłem za jej torbą duży kawałek białego płótna. Spytała się nas, czy może nie chcielibyśmy, aby na płótnie odcisnąć nóżki Natalii a ona potem zrobi z tego drzewo, na pamiątkę, byśmy mieli coś miłego z tego miejsca. Zgodziliśmy się i po chwili ściągnęliśmy małej skarpetki, a przemiła pani przyniosła ciemno-brązową farbę. Nóżki dziecka praktycznie się nie ruszały. Po pierwsze lekarze nam powiedzieli, że przy rozszczepie kręgosłupa jest duże prawdopodobieństwo, że mogą być problemy z poruszaniem się bądź całkowity bezwład nóg. Pierwsza nóżka została wysmarowana farbą, po czym pani artystka delikatnie przyłożyła ją do płótna. Nagle dziecko energicznie kopnęło nogą, zostawiając za sobą trzy brązowe paski. Zamilkliśmy, bo nikt się czegoś takiego nie spodziewał. Malunek zamiast od odciśniętej nóżki zaczął się od brązowych kresek. Starsza pani powiedziała, by się tym nie martwić. Po chwili wzięła po raz kolejny nóżki Natalki, najpierw jedną, później drugą i tym razem bez problemu udało jej się odcisnąć małe stópki. Następnym etapem było namalowanie przez nią pnia drzewa bez liści, ponieważ za liście miały służyć nasze odciśnięte dłonie. Było już późno, więc te dwa ostatnie etapy przełożyliśmy na kolejny dzień.

Następnego dnia czekały nas jeszcze formalności związane z przetransportowaniem Natalii do szpitala, jednak do części z nich nie była konieczna nasza obecność. Zostawiliśmy więc Sebastiana z opiekunką i pojechaliśmy do domu, by posprzątać i przywieść czyste ubrania. Gdy wracaliśmy do domu, przypomnieliśmy sobie o obrazie, który mieliśmy dokończyć. No nic. Po cichu liczyliśmy na to, że artystka znów się pojawi i pozwoli nam dokończyć obraz.

Gdy już zajechaliśmy do punktu docelowego, pierwsze co zrobiłem, to wstawiłem wodę na swoją ulubioną kawę. Czułem się zmęczony, a przede mną była jeszcze droga powrotna. Po wzięciu ostatniego łyka poszedłem pomóc mojej żonie w sprzątaniu i pakowaniu ubrań. Uwinęliśmy się ze wszystkim dość szybko, bo całość nie zajęła nam więcej niż trzy godziny, a następnie wybraliśmy się w drogę powrotną. Kiedy prowadziłem, Ewa spytała się mnie, czy mała da radę. Nie zastanawiając się zbyt długo, odparłem, że chyba tak. Skoro maszyny odłączyli jej parę dni temu, a wczoraj się do mnie śmiała? Jednego byłem pewien. Trzeba było być dobrej myśli i mieć nadzieję aż do samego końca.

Gdy dojechaliśmy na miejsce, Sebastian był zajęty zabawą z opiekunką i dopiero gdy go zawołaliśmy, przybiegł, by się do nas przytulić. Natalia spała obok w wózeczku.

Wykończeni po całym dniu poszliśmy spać, bo nie wiedzieliśmy, co nam przyniesie kolejny dzień.

Nazajutrz dostaliśmy informację, kiedy przetransportują Natalię do szpitala w Wakefield. Bardzo się cieszyliśmy, że wszystko zaczęło iść w dobrym kierunku i niemalże zapomnieliśmy o niedokończonym obrazie. Całe szczęście artystka była tego dnia w hospicjum i udało nam się wziąć niedokończony obraz do pracowni. Znajdowały się w niej połączone stoły z dostawionymi krzesłami, a dookoła nich stały antyczne meble. Leżały na nich farby i inne przybory do tworzenia dzieł malarskich. Nas interesowały tylko różne odcienie zieleni, które po chwili dostrzegłem na jednym biurku. Wszyscy wymalowaliśmy sobie ręce farbą i każdy z nas delikatnie odcisnął swoje dłonie na płótnie, tworząc tym samym wspaniały i unikalny obraz.

Obraz na płótnie namalowany w hospicjum

Już wtedy wiedziałem, że obraz ten zawiśnie u nas w domu w kuchni jako najcenniejszy artefakt symbolizujący, jaką trudną drogę musieliśmy przejść.

Dopiero co przywieźliśmy czyste ubrania, a już zaraz trzeba było je pakować z powrotem, ponieważ transport dziecka miał odbyć się następnego dnia około godziny dziewiątej rano.

W międzyczasie ktoś zapukał do naszych drzwi. Był to muzyk. Starszy pan o siwych włosach, który spytał się, czy nie zechcielibyśmy udać się do sali muzycznej i posłuchać, jakie piękne utwory mógł dla nas zagrać. Stwierdziliśmy, iż przyda nam się, a raczej dzieciom trochę rozrywki w postaci muzyki. Weszliśmy do sali, w której znajdował się prawie każdy instrument. Pianino, perkusja, flet, gitary, mikrofony i tak dalej. Przemiły pan nastroił jedną z gitar, następnie usiadł jak najbliżej wózka, w którym leżała Natalka i zaczął grać. Mała dziewczynka wpatrywała się w instrument swoimi pięknymi niebieskimi oczkami.

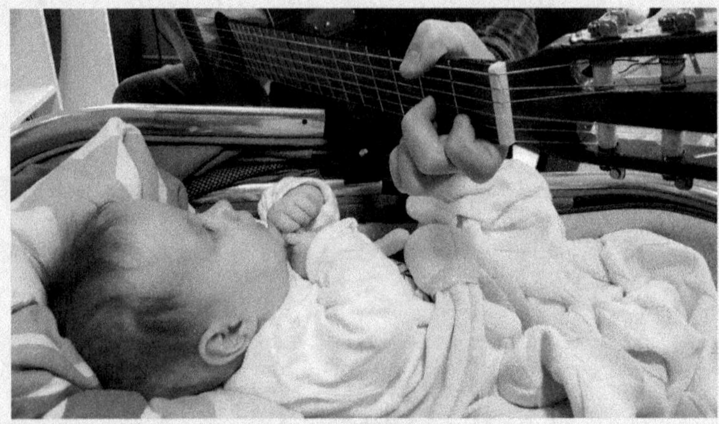

Sala muzyczna oraz terapia muzyką

Pożegnaliśmy się ze wszystkimi opiekunami placówki, dziękując im za tak miłe przyjęcie oraz opiekę nad Natalią i życzyliśmy im wszystkiego, co najlepsze.

Rano, gdy wszyscy jeszcze spali, zacząłem pakować wszystkie nasze rzeczy do samochodu. Obraz owinąłem w ręcznik, by przypadkiem się nie uszkodził. Karetka miała opóźnienie, ale na szczęście nie aż tak długie. Planowany wyjazd był koło dziewiątej a przy załatwianiu wszystkich formalności, wyjazd przedłużył się o niecałą godzinę.

Ewa pojechała wraz z Natalią karetką, a ja z Sebastianem naszym samochodem. Gdy wyjeżdżałem z parkingu, skręciłem w lewo, zostawiając za sobą szare mury placówki z myślą, by już nigdy więcej tu nie trafić.

GPS pokierował mnie inną drogą niż ta, którą jechała karetka, ale i tak mieliśmy się spotkać w tym samym miejscu, więc wybór trasy nie miał aż tak dużego znaczenia. Wyjechałem na autostradę, na której to było duże natężenie ruchu. Jechałem spokojnie, by tylko bezpiecznie dojechać do celu. Nigdzie nam się nie spieszyło, więc miałem dużo czasu na przemyślenia i przeanalizowanie całego zajścia w hospicjum.

Wszystko potoczyło się inaczej, niż było nam powiedziane i gdzieś z tyłu głowy zacząłem szukać racjonalnego wytłumaczenia, ale znaleźć go nie mogłem. Jak to się stało, że wszystkie cyfry wskazywały, że stan małej jest krytyczny, a po odłączeniu maszyn dziecko wciąż żyło? Nie było tutaj naukowego wytłumaczenia, na sto procent była to zasługa siły wyższej.

Droga do szpitala zajęła mi niecałą godzinkę. Zaparkowałem auto z przodu parkingu, mając to szczęście, że akurat ktoś w tym czasie wyjeżdżał. Sebastian zasnął, a nieść go z końca ogromnego parkingu nie byłoby takie proste. Wziąłem go na swój bark i udałem się w stronę wejścia, mijając po drodze ludzi w szpitalnych szlafrokach z podłączonymi kroplówkami, dopalających swoje papierosy. Wjechałem windą na najwyższe piętro, gdzie znajdował się oddział, do którego mieli Natalię przewieźć. Zadzwoniłem na domofon, tłumacząc, w jakim celu przyjechałem, po czym zamknąłem za sobą drzwi.

Szpital

Sukces jest sumą małych wysiłków, powtarzanych dzień po dniu.

Robert Collier

Kierując się w stronę recepcji, minąłem po drodze kącik dla rodziców, w którym to mogli przygotować sobie kawę bądź herbatę. Następnie przeszedłem koło paru sal i doszedłem do recepcji, która znajdowała się na prawo od nich. Grzecznie się przedstawiłem i zapytałem, do którego pokoju została przypisana moja córka, która przyjechała tutaj wraz z jej mamą z hospicjum dziecięcego. Pani z recepcji spojrzała do systemu i powiedziała, że jeszcze nikt nie przyjechał i cały czas czekają.

Nie spodziewałem się, że będziemy szybciej. Wyjechaliśmy w tym samym czasie. Najwidoczniej trasa, którą jechałem z synem, okazała się znacznie krótsza, gdyż dojście z parkingu do szpitala też zajęło mi trochę czasu.

Nie musiałem długo czekać. Minęła dosłownie chwila i zobaczyłem moją żonę z Natalią oraz kierowcę karetki kierujących się w stronę recepcji. Gdy moja żona spytała się, do której sali mamy się udać, pani wskazała ręką pomieszczenie znajdujące się naprzeciwko. Weszliśmy do środka i powoli zacząłem znosić najpotrzebniejsze rzeczy z samochodu, a te mniej potrzebne miałem pod wieczór zawieźć po prostu do domu.

Sala szpitalna była dość duża z własną łazienką, także, by pomieścić cztery osoby plus, od czasu do czasu, personel szpitala nie było problemu. Kiedy rozpakowywałem walizkę Ewy, weszła pani doktor i oznajmiła, że za jakąś godzinę przyjdzie znowu i wszystko nam wytłumaczy. Między innymi niezbędne procedury, jak długo tutaj będziemy oraz czego nas będą uczyć. Mniej więcej mieliśmy zarys całej sytuacji, ale nigdy nie zaszkodzi posłuchać tego jeszcze raz.

Podczas czekania na panią doktor, przyczepiliśmy obraz Św. Szarbela na szpitalnym łóżku, a na półce postawiliśmy jej naszyjnik, który zamknięty był w niebieskim opakowaniu symbolizującym jej anioła stróża. Będąc jeszcze w hospicjum, poprosiłem moją znajomą, aby jednak wysłała nam ten święty olejek. Nie mieliśmy nic do stracenia. Stan małej stawał się z dnia na dzień coraz lepszy, ale głos przypominający pianie koguta nie zniknął, także musieliśmy być czujni i przygotowani na każdą okoliczność.

Nadszedł ten czas, gdy do pomieszczenia weszło parę osób, zaczęliśmy się domyślać, kto jest od jakiej specjalizacji. Po pierwsze została nam przedstawiona po raz setny historia choroby, a następnie powiedzieli, że jesteśmy tutaj po to, by nauczyć się korzystać z gastrostomii i kiedy już opanujemy tę czynność, zostaniemy wypisani do domu. Zostanie nam przypisany lekarz pierwszego kontaktu oraz rehabilitantka, by na bieżąco śledzić postępy naszego dziecka. Rozmowa trwała około godziny, później zostawiliśmy małą pod opieką pielęgniarki i poszliśmy coś w końcu zjeść.

Powoli zaczynało się ściemniać i widziałem, że Sebastian jest już mocno zmęczony. Pożegnaliśmy się więc z naszymi dziewczynami i udaliśmy się do domu. Mijając szpital z prawej strony, powiedziałem synkowi, aby pomachał, i że jutro przyjedziemy tam znowu. Nie minęło nawet pięć minut, jak zasnął.

Po przyjeździe do domu położyłem go spać, a następnie zacząłem sprzątać. Przygotowałem pranie, które zamierzałem wstawić dnia następnego z samego rana, by po nocy pralka nie pracowała. Sprzątać skończyłem około drugiej w nocy. Poszedłem spać, ponieważ kolejny dzień zapowiadał się również ciekawy. Tak bardzo nie mogłem się już doczekać powrotu do domu całej rodziny, ale musiałem się jeszcze uzbroić w cierpliwość.

Po odebraniu syna z przedszkola pojechaliśmy do naszych dziewczyn. W szpitalu nic się nie zmieniło, pielęgniarki przychodziły cały czas do pokoju, by wymieniać worki z mlekiem i podawać leki. Ta rutyna trwała przez dobrych kilka dni. Codziennie z Sebastianem jeździliśmy do Ewy i Natalii, aż w końcu jeden z lekarzy powiedział, że następnego dnia mamy zacząć szkolenie jak używać gastrostomii. Byliśmy ciekawi, kiedy w końcu coś się ruszy, bo naprawdę mieliśmy już wszystkiego dosyć. Z tą bardzo dobrą wiadomością, że w końcu pokażą nam, jak podawać jej jedzenie, ruszyłem w drogę powrotną do domu. Zajechałem dość późnym wieczorem, bo wizyta w szpitalu skończyła się później niż zwykle. Otwierając drzwi, omal nie zdeptałem leżącej na wycieraczce koperty. W kopercie znajdowała się fiolka ze św. olejkiem oraz parę kadzidełek. Bogu dziękować, że list z Polski przyszedł tak szybko. Do żony napisałem tylko, że bezpiecznie dotarliśmy do domu.

Ostatniego wieczoru, aby przypadkiem nie zapomnieć olejku, włożyłem fiolkę od razu do plecaka. Byłem bardzo ciekaw reakcji mojej żony, kiedy zobaczy przedmiot. Przyjechaliśmy do szpitala, a następnie udaliśmy się prosto do sali, by przywitać się z dziewczynami. Przy okazji przywieźliśmy ciepły posiłek, bo ceny w szpitalu były bardzo wysokie. Za sam obiad na jedną osobę trzeba było zapłacić ponad pięć funtów, a jedzenie tam wcale nie było smaczne.

Zanim wyjąłem z plecaka ów olejek, spytałem się Ewy, czy już ktoś był, by pokazać jej, jak używać gastrostomii. Opowiedziała mi, że jeszcze nikt, ale niedługo miał się ktoś pojawić.

Odpinając zamek z najmniejszej kieszonki w plecaku, wyjąłem olejek i pokazałem go żonie. Była bardzo szczęśliwa, że tak szybko dotarł i już nie mogła się doczekać, by odprawić modlitwę i nasmarować nim Natalię w miejsca, które zostały najbardziej dotknięte od chwili narodzin, w szczególności struny głosowe, bo to one stanowiły największy problem. Poprosiłem Ewę, by poszła do recepcji i spytała się, o której godzinie przyjdzie ktoś podać jej leki oraz jedzenie, bo nie chciałem, by przez czas odprawiania modlitwy ktokolwiek wchodził nam do sali. Modlitwa musiała płynąć z głębi serca, a jakiekolwiek jej przerwanie naruszyłoby cały plan.

Zasłoniliśmy firany i poprosiliśmy, by przez co najmniej trzydzieści minut nikt nam nie przeszkadzał, bo chcieliśmy się pomodlić. Informacja została przyjęta przez panią w recepcji oraz odnotowana, o której godzinie została złożona prośba.

Delikatnie wyjęliśmy olejek z woreczka, by przypadkiem go nie upuścić, to byłby dramat, jakbyśmy stracili tak cenną rzecz! Nasz syn był za mały, by uczestniczyć w tej modlitwie, która musiała zostać przeprowadzona prosto z serca, więc by nam (jakkolwiek to brzmi) nie przeszkadzał, włączyliśmy mu jego ulubioną bajkę. Całe szczęście usiadł grzecznie na krześle, a my mogliśmy się zająć rytuałem. Modlitwę mieliśmy wydrukowaną na kartce. Zaczęliśmy czytać chwile po odłożeniu fiolki z powrotem do woreczka. Płynęła ona prosto z serca, nawet na chwilę nie spojrzeliśmy na siebie, tylko na małą i czekaliśmy na to, co się stanie. Zawsze podchodziłem sceptycznie do takich modlitw. Tym razem nic już nam nie pozostało, jak tylko wierzyć, że jej struny głosowe zaczną pracować. Po skończeniu modlitwy nic się nie zmieniło, obserwowaliśmy, a raczej słuchaliśmy, czy jej charczenie podczas oddychania ucichło. Bez zmian. Dziecko wciąż wydawało z siebie ten dźwięk, który śnił się nam po nocach. Straciwszy nadzieję, pożegnałem się z żoną i wróciłem z synem do domu. Podczas drogi powrotnej cały czas myślałem, dlaczego to nie zadziałało? Dlaczego wylewamy z siebie wszystkie poty, a rezultaty są mizerne? Nie znałem odpowiedzi na to pytanie. Było mi przykro, że nie jestem w stanie nic już więcej zrobić, a z tyłu głowy siedziała myśl, co się stanie, jeśli jej stan się pogorszy? Z głową pełną myśli położyłem się spać.

Następny poranek zaczął się tak samo jak poprzednie. Ubrać się, przyszykować śniadanie, po czym udać się do szpitala po drodze jeszcze tankując auto. Po zaparkowaniu w ostatniej alejce na parkingu od szpitala i naciśnięciu na kluczyku przycisku zamknij, udaliśmy się wraz z synem ku wejściu do budynku. Po drodze mijaliśmy ludzi w białych szlafrokach dopalających swoje papierosy. Przeszliśmy przez obrotowe drzwi, lecz zanim wjechaliśmy windą na górne piętro, mój syn za wszelką cenę chciał najnowszą gazetę o klockach z kiosku, który znajdował się na pierwszym piętrze. Kupiłem mu ją, nie zwracając w ogóle uwagi na to, że popełniam błąd, kupując mu wszystko, czego chce. Byłem już zmęczony, a moje myśli krążyły gdzieś daleko.

Wchodząc do sali, zobaczyłem naszą córeczkę śpiącą w łóżeczku, ale żony nie dostrzegłem. Albo poszła na dół kupić sobie coś do jedzenia, albo udała się do łazienki. Nie minęło pięć minut, a żona wróciła do sali z ciepłym posiłkiem, lecz zamiast się ze mną przywitać, uśmiechała się szeroko. Jej oczy wpatrywały się w moje, nawet nie mrugając. Nie wiedziałem, co mam odpowiedzieć, a raczej, o co spytać, ponieważ nie padło z jej strony jeszcze ani jedno słowo. Minęło może z trzydzieści sekund, po czym Ewa powiedziała, że paskudne charczenie podczas oddychania znikło! Modlitwy zostały wysłuchane, a ja usiadłem na krześle, nie wiedząc, co powiedzieć. Z początku nie dowierzałem, ale udało się nam! Olejek zadziałał!

Czekając na Ewę, nawet nie zwróciłem uwagi na to, że Natalka spała tak cichutko. Dziś mieli przyjść znowu lekarze, lecz nie określili się, o której godzinie. Potrzebowałem chwili, by poukładać sobie w głowie te wspaniałe, nowe informacje.

Czy siła wyższa istnieje? Nie znałem odpowiedzi na to pytanie, ale sądząc po ostatnich wydarzeniach, mogłem przypuszczać, iż ktoś nad nami, a raczej nad Natalią czuwa od urodzenia.

Żona, wyrzucając do kosza plastikowe opakowanie po śniadaniu, zerkała na śpiącą Natalię i nie mogła się napatrzeć. Uśmiech na jej twarzy wrócił. Ciągle z tyłu głowy była myśl, że czeka nas dużo cięższej pracy. Teraz jednak chcieliśmy się skupić na tym, by jak najszybciej nas przeszkolili w obsługiwaniu gastrostomii i wypisali do domu. Przecież ta mała kruszynka nigdy nie widziała swojego domu!

Mijały kolejne godziny, a lekarzy wciąż nie było widać. Zdążyliśmy się już do tego przyzwyczaić, więc pozostało nam czekać. W międzyczasie zszedłem na dół, by zjeść jakiś obiad. Wiedziałem, że srogo za niego zapłacę, ale mowy nie było o przygotowaniu posiłku rano. Nie pamiętam, co wtedy dokładnie zamówiłem, ale były to bodajże frytki z fasolą i jajkiem. Zbyt dużego wyboru nie było, a zjeść coś przecież musiałem. Zjadłem na stołówce, bo wiedziałem, że dzieci są pod opieką swojej mamy. Przełknąłem ostatni kęs, zasunąłem za sobą krzesło i udałem się w stronę windy, po drodze wstępując jeszcze do kiosku po jakieś słodycze i picie.

Drzwi od windy zamknęły się, a ja wjechałem na drugie piętro. Tym razem zostałem wpuszczony bez pytania się mnie o cel wizyty.

Gdy wszedłem do sali, zobaczyłem rozmawiających z moją żoną lekarzy. Po chwili jeden lekarz przywitał się ze mną i powiedział, że niedawno przyszli i rozmawiają może około dziesięciu minut. Przedstawiłem się, a następnie poszedłem zobaczyć, co robi mój syn, a raczej, jakie ogląda bajki. Całe szczęście leciała ładna bajka o różowej śwince w czerwonej spódniczce.

W sali brakowało tylko fizjoterapeutów, którzy mieli przyjść i wypytać się o Natalię. Osoby będące w sali prawiły teorie o jej przyszłości, w ogóle nie uwzględniając, na jakich lekach było dziecko w danym momencie. Niektórzy z nich byli bezpośredni i mówili wprost, jakie córka może mieć w przyszłości problemy z poruszaniem się, do tego pani od wymowy również podkreśliła, że córka może nie być w przyszłości w stanie mówić bądź wypowiadać większości słów. Nikt jednak chyba nie brał pod uwagę tego, że dziecko jest malutkie i ładowane są w nią leki o bardzo silnym działaniu, jak na przykład morfina czy diazepam, czyli silne leki psychotropowe. Wszyscy obecni w pokoju przedstawili nam sprawę jasno, jak będzie wyglądać opieka nad małą, po czym każdy poszedł w swoją stronę. Nie usłyszeliśmy jednak z ich ust tego, na co czekaliśmy już od kilku dobrych dni, mianowicie, kiedy wreszcie ktoś nas przeszkoli, jak obsługiwać tę cholerną gastrostomię? Naprawdę stawało się to już irytujące. Wieczne zbywanie niejednokrotnie budziło w nas poczucie, jakbyśmy byli przez nich olewani. Dopiero później ktoś nas uświadomił, że w szpitalu jest mało personelu, i to wszystko trwa, ale postarają się jak najszybciej zorganizować odpowiednie osoby, które nas przeszkolą w podawaniu dziecku jedzenia. Co jakiś czas przypatrywaliśmy się, w jaki sposób robi to pielęgniarka, gdzie podgrzewa jedzenie oraz jakie dawki stosuje. Nie była to jednak taka nauka, jakiej potrzebowaliśmy, szczególnie że na początku miała dostawać na noc pokarm do maszyny, która automatycznie dozuje ilość jedzenia.

Owa maszyna miała zostać przywieziona do naszego domu. W najbliższym czasie miał zostać ustalony termin dostawy, jedyne pytanie, jakie się nasuwało, to co znaczy u nich w najbliższym czasie? Parę dni, tydzień, dwa, miesiąc? Kolejna niewiadoma, z którą musieliśmy żyć.

Mijały kolejne dni, które nic się nie zmieniały, dopiero po tygodniu zostaliśmy poinformowani, że kolejnego dnia zaczniemy naukę obsługi maszyny oraz obchodzenia się z gastrostomią. W międzyczasie cały niezbędny sprzęt został dostarczony do naszego domu. Naprawdę nie mogliśmy się już doczekać, kiedy ta cała męczarnia się zakończy.

Robiło się coraz zimniej, Październik wyraźnie pokazywał, że powoli zbliżały się mrozy, jednak odczuwając na nosie i policzkach lekkie szczypanie spowodowane temperaturą, wyciągnąłem z bagażnika odmrażacz do szyb, ponieważ przez noc było tak zimno, że szyby zdążyły zamarznąć. Podczas gdy ogrzewanie w samochodzie wspierało mnie w walce z zamarzniętymi szybami, wsadziłem syna do fotelika, a kiedy już widoczność była bardzo dobra, ruszyliśmy po raz kolejny tą samą trasą, mijając po drodze korek spowodowany remontami drogowymi.

Córka już nie spała, a kiedy weszliśmy do sali, zobaczyłem na jej twarzy uśmiech. Uśmiechnęła się, widząc znajomą osobę, a jej małe niebieskie oczka wpatrywały się we mnie, kiedy przechodziłem na drugą stronę łóżka szpitalnego. Mimo tego, iż dostawała silne leki, potrafiła rozpoznać najbliższe jej osoby. Ubrana w krótkie spodenki oraz bluzeczkę wpatrywała się we mnie jeszcze tak z pięć minut, a ja nie mogłem przestać nasłuchiwać jej cichutkiego oddechu, oraz patrzeć na to, że jej włoski robiły się coraz jaśniejsze i przechodziły z czarnego koloru w blond z takim samym odcieniem, jaki ma moja żona, czyli słomkowym.

Nasza nauka rozpoczęła się mnie więcej po południu. W pierwszy dzień mieliśmy sami podawać mleko do maszyny i nauczyć się ustawień. Nie było to wcale takie trudne, jak się wydawało, aczkolwiek Natalia miała nie dostać wypisu ze szpitala, dopóki lekarze nie byliby pewni, że sobie poradzimy z jej obsługą, gdy już będziemy w domu. Największym wyzwaniem było to, by mleko, które musieliśmy podgrzewać, nie było ani za gorące, ani za zimne. Czasami dochodziło do sytuacji, że musieliśmy wylewać i robić pokarm od nowa.

Praktyka szła dobrze. Kiedy wracałem do domu, za każdym razem starałem się brać jak najwięcej rzeczy, by po wypisie móc tylko po nich przyjechać i wziąć jak najmniej bagażu.

Pielęgniarki przypatrywały się bacznie temu, jak sami sobie radzimy. Zwracały uwagę co jakiś czas, gdy zrobiliśmy coś źle, ponieważ w domu nie mogliśmy dopuścić się takich błędów. W międzyczasie fizjoterapeuci przywieźli do sali niebieskie siedzisko. Chcieli zobaczyć, jak Natalia będzie sobie w nim radzić, by nie leżała cały czas w łóżku. Nie chcieli doprowadzić do sytuacji, w której zrobiłyby się odleżyny. Już jeden malutki ślad na kolanku i tak pozostał, więc za wszelką cenę starali się tego uniknąć. Jedna z fizjoterapeutów wzięła dziecko i ostrożnie wsadziła ją do krzesełka, po czym wyregulowała pasy bezpieczeństwa.

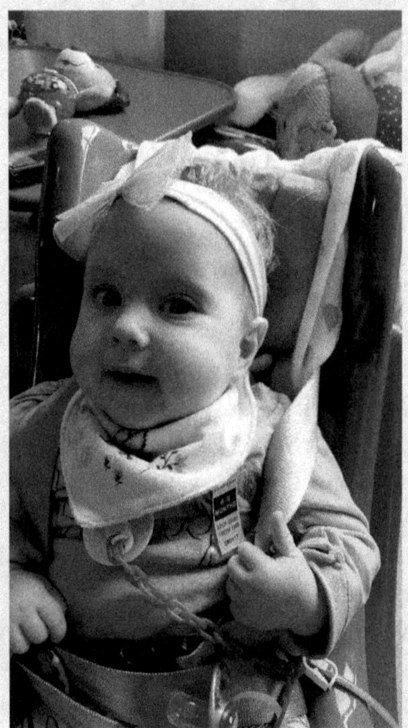

Natalka w krzesełku

Natalka polubiła nową pozycję od pierwszej chwili. Jej równowaga była jeszcze do wypracowania, a główka przechylała się na bok. Byliśmy przekonani, że mała da sobie radę i wypracuję postawę, powoli wzmacniając wszystkie mięśnie. Wszystko zaczynało się układać i nawet to, że dni robiły się chłodniejsze, nie wpływało już na nasze samopoczucie w negatywny sposób.

Nasz powrót do domu zbliżał się coraz szybciej, do poprawy zostało jeszcze parę formalności i jeśli wszystko poszłoby zgodnie z planem, mieliśmy być wypisani do domu wraz z lekami oraz rozpiską jak je podawać. Dziewczynka wciąż była na morfinie i diazepamie. Plan leczenia był taki, że co tydzień mieliśmy zmniejszać dawki leków oraz obserwować dziecko. Wszystko zaszło już tak daleko, że nie mogliśmy się poddać oraz patrzeć wstecz. Jednak z tyłu głowy nie dało się wymazać myśli o tym, że sprawy mogą się zmienić, że dziecku znów może się pogorszyć.

Nikt nie wiedział, jak malutka będzie funkcjonować po całkowitym odstawieniu leków. Jedyne co nam pozostało to wiara w to, że będzie dobrze.

Natalka tuż przed opuszczeniem szpitala

W sali nie zostało już nic więcej z rzeczy osobistych prócz jednego plecaka i niewielkiej paczki pieluch. Wszystko zostało wcześniej zabrane do domu, bo w końcu nastał dzień, na który tak długo czekaliśmy, czyli wypis dziecka do domu! Ostatnie papiery zostały spakowane w teczkę, a moja żona ubrała Natalkę, po czym delikatnie wsadziła ją do fotelika samochodowego. Dziewczynka była ubrana w jasnoróżową kurteczkę z różnymi wzorami kwiatów, a na głowie miała ciepłą, szarą czapkę z pomponem. Wpatrywała się we mnie swymi pięknymi, niebieskimi oczkami równocześnie ssąc smoczka z dość niedużym, czerwonym łańcuszkiem.

Podziękowaliśmy personelowi, który znajdował się w recepcji, a następnie zamknęliśmy za sobą drzwi od oddziału dziecięcego. Zjechaliśmy windą w dół i udaliśmy się w stronę głównych drzwi. Po wyjściu na dwór zaczął wiać chłodny wiatr. Był to poranek, na niebie przemieszczały się chmury, odsłaniając co jakiś czas połowę księżyca. Parking od szpitala był bardzo duży w porównaniu z tym, który znajdował się na terenie szpitala dziecięcego w Leeds. Nasze auto zaparkowałem chyba w rzędzie F, bo z przodu nie było w ogóle miejsca. Szyby zdążyły już zamarznąć. Wziąłem Natalkę i delikatnie umieściłem fotelik samochodowy na tylnym siedzeniu. Włączyliśmy ogrzewanie, a kiedy widoczność była już dobra, wyruszyliśmy w drogę powrotną do domu.

Dojeżdżając do miejscowości, w której mieszkamy, musieliśmy jeszcze zatrzymać się w aptece po niezbędne lekarstwa oraz przybory do pielęgnacji gastrostomii. Z apteki odebraliśmy również cztery ciężkie paczki ze specjalnym pokarmem dla Natalki. Całe szczęście zamówienie z apteki udało się zmieścić do bagażnika, w którym znajdowały się ostatnie, zabrane ze szpitala torby. Klapę zamknąłem delikatnie, by przypadkiem nie zbić szyby, następnie wyruszyliśmy do domu.

Przekręciłem kluczyk w stacyjce na podjeździe koło domu i pomyślałem sobie, wreszcie koniec. Udało się! Po tylu miesiącach ciężkiej walki nasza mała kruszynka po raz pierwszy ujrzy w końcu swój dom! Byliśmy naprawdę szczęśliwi. Ile trudu włożyliśmy w to, by doczekać się właśnie tego momentu.

Wyjąłem z samochodu fotelik wraz z Natalią, a kiedy już rozpakowaliśmy wszystkie torby, wziąłem ją na ręce i powiedziałem do niej, że to jest twój dom, teraz możesz czuć się bezpiecznie.

Nasza córka Natalia

Dodatek

Po powrocie do domu nie było lekko. Wraz z żoną dzieliliśmy się obowiązkami. Niecały miesiąc później pojechaliśmy samochodem do mojej mamy na Święta Bożego Narodzenia do Belfastu. Była to wspaniała przygoda, szczególnie dla Natalii, ponieważ były to jej pierwsze Święta. Sebastianowi zaś najbardziej podobała się przeprawa promem, na który wjechaliśmy w Szkocji. Przeprawa trwała niecałą godzinkę a dziecku najbardziej podobało się, jak prom kołysał się na morskich falach.

Cały urlop spędziliśmy bardzo miło w pięknym mieście, jakim jest Belfast. Zwiedziliśmy większość miejsc turystycznych, a dwa dni po sylwestrze wróciliśmy do domu.

Mała powoli zaczynała rosnąć oraz się rozwijać. Biorąc pod uwagę stan, w którym była, jest to niesamowita historia.

Od wydarzeń opisanych w tej książce minęły już prawie cztery lata. Wszystko zaczynało układać się bardzo dobrze aż do lutego dwa tysiące dwudziestego drugiego roku, kiedy to u Natalii starszego brata zdiagnozowano Ostrą Białaczkę Limfoblastyczną.

Walka o życie dziecka zaczęła się na nowo, tym razem jednak Sebastiana.

Paweł Mikulicz

Autor książki oraz tata głównej bohaterki to ja - Paweł. Na co dzień kochający mąż, tata, pasjonat sportu i podróży. Do Wielkiej Brytanii przybyłem w 2011 roku, tu poznałem moją żonę Ewę i założyłem rodzinę. Moim największym osiągnięciem sportowym jest zdobycie podwójnej triffecty Spartan Race, czyli przebiegnięcie sześciu biegów z przeszkodami, o łącznej długości ok. 72 km w jednym roku. Z kolei moim największym marzeniem jest zdobycie medalu w biegu Spartan Ultra Beast i możliwość bycia na podium. Chciałbym również napisać kolejne książki aby móc przekazać innym rodzicom, borykającym się z podobnymi chorobami swoich dzieci, aby nigdy nie poddawali się w walce o ich zdrowie i dążyli do tego wszelkimi siłami.

Wszystkie cytaty użyte w tekście zostały spisane z internetu.

www.ingramcontent.com/pod-product-compliance
Lightning Source LLC
LaVergne TN
LVHW051303200726
843510LV00010B/1264